父母不扫兴，孩子更自信

写书哥 陈正义 著

人民邮电出版社

北　京

图书在版编目（CIP）数据

父母不扫兴，孩子更自信 / 写书哥，陈正义著.

北京 ：人民邮电出版社，2025. -- ISBN 978-7-115

-66965-0

Ⅰ．G78

中国国家版本馆 CIP 数据核字第 20258ZS091 号

◆ 著　　　　写书哥　陈正义

　　责任编辑　徐竞然

　　责任印制　周昇亮

◆ 人民邮电出版社出版发行　　北京市丰台区成寿寺路 11 号

　　邮编　100164　电子邮件　315@ptpress.com.cn

　　网址　https://www.ptpress.com.cn

　　雅迪云印（天津）科技有限公司印刷

◆ 开本：880×1230　1/32

　　印张：7　　　　　　　　　　2025 年 10 月第 1 版

　　字数：127 千字　　　　　　2025 年 10 月天津第 1 次印刷

定价：49.80 元

读者服务热线：(010)81055296　印装质量热线：(010)81055316
反盗版热线：(010)81055315

前 言

家庭教育，是塑造孩子未来的基石。何为好的家庭教育？答案或许因人而异，但有一点是共通的，那就是让孩子深切感受到父母的爱、尊重、理解和包容。这样的爱，不仅源于物质的满足，更在于情感的交流和心灵的契合。

我成长于一个普通的家庭，父亲不识字，家境也不宽裕。初中毕业后，我便踏入社会，第一份工作是做流水线上的工人。但那只是我 18 岁时的起点。

虽然我只是一名初中毕业生，但是我一边工作一边努力自学，最终考入了浙江工商大学。

虽然我的第一份工作是做流水线工人，但是我凭借自己的努力做到了上市公司的营销总监。

虽然我刚开始工作时收入很低，但现在我创业近 10 年，已拥有了不错的经济基础。

在有了孩子之后，我常常觉得我的父亲真的很伟大。我越来越觉得，我取得的所有成绩，跟我父母给予我的爱和理解，有很大的关系。

在我的记忆中，父母给予我的爱并非轰轰烈烈，而是蕴藏在那些细小而朴实的日常点滴中。这些看似微不足道的事情，却成了我人生道路上源源不断的动力源泉。

记得小学时的一次考试，我考得很差，心里忐忑不安，生怕让父母失望。然而，父亲却没有任何责备，反而买了许多好吃的，安慰我"因为家里的活太多，耽误了我的学习"。那一刻，我感受到了父亲对我的深深理解，也激发了我努力学习的决心。

还有一次，小伙伴欺负我，我忍无可忍地反抗了，结果不小心打伤了对方。面对对方的责难和索赔，我内心充满恐惧。然而，父亲并没有责骂我，而是安慰我，还替我向对方道歉。他的那句"打伤了别人，你心里肯定也很害怕吧"，让我瞬间泪目，也感受到了父亲的包容和关爱。

这些记忆中的片段，在他人看来或许微不足道，但对我来说却意义非凡。它们让我深切地体会到父母的爱与理解，这对孩子的成长非常重要。正是这种爱与理解，让我在面对困难和挑战时能够勇往直前，不断追求进步。

然而，我也深知并非每个家庭都能如此和谐地与孩子沟通。在现实中，许多父母在教育孩子时面临诸多困境和挑战。他们期望孩子能够出类拔萃，却忽略了孩子内心的需求和感受；他们过分关注孩子的成绩，却忽略了孩子综合素质的培养；他们想为孩子规划未来，却忽略了孩子的兴趣和意愿；他们用物质来表达爱，却忽略了孩子对情感的需求；他们习惯于用命令来与孩子沟通，却忽略了孩子的自主性和独立性。

正是基于这样的观察和思考，我深感父母与孩子之间的沟通方式对于孩子的成长至关重要。因此，我与写书哥一起撰写了这本书，希望能够帮助更多的父母掌握与孩子沟通的艺术，让爱和理解成为家庭教育中最重要的力量。

在这本书中，我们将分享一些实用的沟通技巧和方法，帮助父母们更好地与孩子建立信任和连接；我们也将探讨一些常见的家庭教育误区和对应的解决方案，让父母们能够更加明智地引导孩子成长。我相信，只要我们用心理解孩子、关爱孩子、尊重孩子，就一定能够培养出健康、快乐、有责任感的新一代。

让我们携手踏上这场关于爱与理解的探索之旅吧！愿每一位父母都能成为孩子成长道路上的良师益友，愿每一个孩子都能在父母的关爱和理解中茁壮成长。

陈正义

2025 年 8 月

目 录

Chapter ④

孩子生病了如何沟通

Chapter ⑤

晚上睡觉谈心时怎么说

Chapter ⑥

如何与孩子沟通学校表现

Chapter 13
如何与孩子谈论婚姻与家庭

Chapter 14
一些有关日常行为的沟通

Chapter 1

家庭环境中如何沟通

01

游戏化引导：如何让早上赖床的孩子乐意起床

　　闹钟响了好大会儿，上学快要迟到了，孩子依然赖床不起，家长既焦虑又生气，一边忙着准备早餐，一边还要准备去上班。然而，孩子似乎并不着急，被叫唤多次也毫无反应。在这种情况下，家长很容易失去耐心，对孩子说出一些不恰当的话。

❌ 错误对话	✔ 正确沟通

天天赖床，天天喊都不起床，害得妈妈上班要迟到了。

今天的早餐是你最爱吃的三明治，有没有闻到香味呀？

· 快点起床，再不起床要迟到了。

· 天天赖床，天天喊都不起床，害得妈妈上班要迟到了。

· 等下起床晚了，没有早饭吃了，就得饿着肚子去上学。

正确沟通

1.尊重选择：你是现在起床还是 5 分钟后起床？要说话算数哟。

2.角色扮演：起床时间到了，今天是奥特曼来喊你起床了，奥特曼开始掀你的被窝，要给你穿上衣了，给你穿裤子了……

3.美味早餐：今天的早餐是你最爱吃的三明治，有没有闻到香味呀？

心理分析

当孩子不愿意起床，父母再着急也不应轻易发火。因为这样做不仅解决不了问题，反而可能使问题变得更加棘手。赖床是许多孩子成长过程中的常见现象，我们应理解并接受这一点。

我们可以给孩子一定的缓冲时间，让他们逐渐接受"要起床"的事实。我们可以提供一个选择，比如是现在起还是 5 分钟后起，让孩子感受到尊重和平等，这有助于培养他们的自主意识——"我不是被迫起床的"。通常，孩子会选择晚一些起床，并且大多数孩子会遵守自己的承诺。这样一来，起床问题就解决了。

为了增加趣味性，我们还可以使用孩子喜欢的书籍或动画片中的人物来叫他们起床。用这些人物的语气叫孩子起床，往往能取得良好的效果。大家不妨一试，为早晨的起床时光增添一些欢笑与乐趣。

02

提醒代替抱怨：如何帮助丢三落四的孩子变得有条理

　　马上就到学校了，家长却突然发现孩子没有带作业，时间紧迫，家长和孩子可能都会焦虑。在这种情况下，双方很容易情绪失控，互相抱怨。该怎么办？

❌ 错误对话　　　　　　　　　　**✅ 正确沟通**

错误对话

· 你怎么又丢三落四？跟你说了多少遍，就是记不住。

· 你下次再忘带东西，妈妈可不管你了。

· 跟你说过了，早上出门前检查一遍，你到底有没有检查？

正确沟通

1. 平静提醒：你是不是没有带作业？

2. 表达理解：这个年纪忘带东西是很正常的事情，大部分孩子都会出现这种情况。

3. 共同成长：坏习惯会耽误很多事，之前都是妈妈帮你整理书包，现在你要自己养成整理的习惯，我们需要讨论一下，看以后怎么避免这个问题再次发生？

4. 解决方案：可以先列一个物品清单，然后根据清单制作一个检查表；可以考虑提前 20 分钟起床；等等。在实施方案的过程中，要及时肯定孩子取得的进步，让他们获得成就感，从而逐渐养成好习惯。

心理分析

当家长发现孩子忘带东西时，应当保持冷静，不带任何情绪地提醒他们。我们的目标是帮助孩子解决问题，而不是宣泄自己的不满。当孩子从我们这里获得了帮助，问题得以解决，双方的心情都会变得愉快。

此外，家长也应该反思一下，自己平时是不是为孩子做了太多事情，以至于孩子产生了依赖心理？同时，也要观察一下孩子的条理性是否欠缺，并找到恰当的方法帮助孩子养成良好的习惯。

孩子不是电脑程序，不会简单地执行我们的命令，更不可能一蹴而就地完美执行任务。在孩子的成长过程中，许多习惯需要花费一年甚至更长的时间来培养，这是由他们的成长发展规律决定的，我们要有足够的耐心和毅力陪伴孩子成长。

03

尊重与理解：如何让偏食的孩子享受均衡饮食

　　孩子吃饭偏食，不爱吃青菜，说什么都不愿意尝一口。家长对此很是苦恼，担心孩子营养不良。在这种情况下，家长应如何有效地与孩子沟通呢？

❌ **错误对话**　　　　　　　❤ **正确沟通**

· 不可以偏食，偏食会长不高。

· 必须吃一口，这道菜非常好吃。

· 如果你把这个菜吃了，等会儿给你买一个玩具。

正确沟通

1. 理解同感：妈妈小时候也有一段时间不喜欢吃青菜，觉得不好吃。

2. 讲事实：但是我们的身体需要各种营养素，偏食的话就会营养不良，就像植物如果只有阳光没有养分就会枯萎。你每天一点青菜都不吃，妈妈很担心。

3. 换一种烹饪方式：妈妈打算用青菜汁和面来做你最喜欢吃的馒头，或者包青菜饺子，你觉得怎么样？

4. 一起动手：妈妈想邀请你一起，用你喜欢的烹饪方式来做菜，你觉得如何？我们现在一起去买菜吧。

5. 一起品尝：今天的菜是我们一起做的，快来尝一尝吧。

心理分析

孩子的偏食通常是阶段性的，家长可以采取一些策略来帮助他们养成健康的饮食习惯。可以尝试提供多样化的食物选择，包括各种颜色和口味的食材，以激发孩子的食欲。此外，家长也可以让孩子参与食物的准备和烹饪过程，比如一起去菜市场选购食材或者参与简单的烹饪活动，让孩子从中感受到乐趣、尊重和自主性，从而增加孩子对食物的兴趣。最重要的是，家长要有耐心，要理解孩子，逐步引导孩子改掉不好的饮食习惯，而不是盲目地给孩子施加压力或制造紧张情绪。

04

关心家人：如何在用餐时间培养家庭情感

平时孩子要上学，家长也要工作，双方在一起沟通交流的时间较少，因此，用餐时间就成了难得的交流机会，如何利用好这段时间，互相关心，度过一段轻松有爱的时光呢？

❌ 错误对话　　　　　　　✅ 正确沟通

错误对话

· 快点吃饭，吃完饭去上学。

· 不要把饭撒得到处都是，说过多少次了。

· 不要只顾自己吃，把好吃的菜都吃完了。

正确沟通

1. 提出建议：我有个建议，我们今天用吃饭的时间表达对家人的关心，大家有什么好的提议？

2. 讨论想法：有人建议给其他家人盛一勺自己最喜欢的食物；有人建议分工合作，有的人做饭，有的人洗碗，有的人擦桌子；还有人建议每人说一句夸奖其他家人的话。

3. 付诸行动：每人选一件自己当下就能做的事情来表达对家人的关心。

心理分析

可以每月固定选取一天，作为家庭暖心日，用心为身边的家人做一件温暖的小事，让家庭氛围更加融洽温馨。

家是每个人一生中非常重要的组成部分，家人给予我们关爱和支持，帮助我们成长为独立的人。在家庭中，我们不仅可以学到许多重要的技能，如沟通、解决问题和合作的技能，还能培养出很多宝贵的品质，如尊重、感恩等，这些技能和品质将有助于我们在工作和生活中取得成功。然而，现代社会快节奏的生活方式让很多人的家庭观念慢慢变淡，很多父母由于忙碌而与孩子缺乏沟通交流，再加上生活的压力，家庭成员尤其是亲子之间的关系变得紧张。

在这种情况下，创造家庭成员互相关心的机会，教育孩子从小关心家人、感恩家人就显得尤为重要。多设置一些关心、感恩家人的仪式，让孩子在学会表达、懂得付出的同时，也能收到来自家人的爱。这不仅有助于孩子的成长发展，也能大大促进亲子关系，提升双方的幸福感。

05

角色扮演：如何让走路像蜗牛的孩子像兔子一样跑起来

上学路上，孩子磨磨蹭蹭，东张西望，走路慢得像蜗牛，眼看就要迟到了。家长既着急又恼火，忍不住厉声催促。在这种情况下，应如何跟孩子沟通呢？

❌ **错误对话**　　　　　✔ **正确沟通**

快点儿快点儿，不要像个蜗牛一样。

现在你是兔子，我是猫，如果我追上了你，就要刮一下你的鼻子，看看今天谁会赢呢？游戏开始，我要来抓你了！

错误对话

- 快点儿快点儿，不要像个蜗牛一样。
- 我不管你了，随便你，你自己去学校吧。
- 别磨蹭了，快点儿！

正确沟通

1. 发起游戏：我有一个提议，我们来学动物走路吧。我们可以扮演兔子、老虎或猫，你想扮演谁？

2. 制定规则：现在你是兔子，我是猫，如果我追上了你，就要刮一下你的鼻子，看看今天谁会赢呢？游戏开始，我要来抓你了！

3. 进行游戏：可以转换角色，从"你跑我追"变成"我跑你追"，这样不知不觉就到学校了。

心理分析

游戏化是解决孩子问题的一种非常有效的方式。与被批评、命令和指责相比，孩子自然更喜欢在愉悦的氛围中解决问题，并享受解决问题的乐趣。

拖延、磨蹭是孩子成长过程中的常见现象，会随着孩子年龄的增长而逐渐解决。因此，家长不必过于焦虑，更不要轻易给孩子贴上负面标签，应以理解和充满智慧的引导陪伴他们度过这一阶段。

比如，家长可以通过设置奖励机制来激励孩子按时完成任务，或者教他们学会使用时间管理工具。同时也要注意不要过度干涉孩子，让他们有足够的自由去探索和尝试，从而培养他们的自主性和独立性。

Chapter 2

在小区游乐场如何沟通

01

交换价值：如何引导孩子学会分享玩具

孩子在小区游乐场玩耍，有个小朋友表示想玩一下孩子的奥特曼玩具，但是孩子不愿意分享，这让家长感到有些尴尬，对孩子也有点失望，觉得孩子很自私。在这种情况下，家长应如何跟孩子沟通呢？

❌ **错误对话**　　　　　　　　❤ **正确沟通**

·不要这么小气，玩具借给别人玩一下又不会怎么样。

·你这么自私，所有小朋友都不会喜欢你的。

·下次我再也不给你买玩具了。

正确沟通

1. 表达理解：你很喜欢这个奥特曼玩具，自己也想玩，所以不想借给别人，是吗？

2. 提出建议：如果别人很想玩你的玩具，但是你有点不情愿，那么除了拒绝，还可以有别的做法吗？比如你可以建议对方拿一个玩具和你交换，这样你们都有新玩具玩；或者让对方稍微等一会儿，等你不玩了再借给他；或者如果我们还带了其他玩具，就先把其他玩具分享给他，你觉得怎么样？当然，玩具是你自己的，要不要分享你说了算。即使借给别人，这个玩具也还是属于你的，只是让其他小朋友玩一会儿而已。

3. 行动建议：如果你愿意，可以试着向对方说出你的想法。试一试，不管结果如何，都是一种进步，我会给你点赞的。

心理分析

孩子不愿意分享是一种正常现象。我们要尊重孩子的自主性和意愿，引导而不是强迫他们分享。

在鼓励孩子分享之前，我们应先确保孩子对自己的玩具有安全感。要让他意识到，不管谁触碰或使用了他的东西，这些东西都还是属于他的。这有助于培养孩子正确的物权意识和分享行为。

只有当孩子感受到被理解和尊重，他们才更愿意接受我们所讲的道理、所提的建议。

无论孩子最终是否做出分享的行为，我们都应予以理解和支持。这种无条件的支持会让孩子感到自信和安全，从而更愿意尝试和探索。

02

延迟处理：当孩子被别人撞倒，家长如何巧妙应对

当孩子被其他小朋友撞倒，家长可能会因为担心而替孩子处理问题。但这样做可能会导致孩子形成依赖心理，不利于培养他们的独立性。在这种情况下，正确的做法是什么呢？

❌ 错误对话　　　　　　　✅ 正确沟通

错误对话

· 哎呀，摔疼了吧，爸爸替你揍他！

· 我让你走路小心一点，你就是不听。

· 快点起来，不要躺在地上，地上太脏了。

正确沟通

1. 观察等待：先观察孩子的反应再进行处理。孩子是无所谓还是很伤心？如果孩子表现得无所谓，家长就不用刻意强调这件事。如果孩子表现得很难过，家长就要及时进行安抚。

2. 提供帮助：你看上去有点难过，是不是摔疼了，需要爸爸做什么？

3. 厘清事实：对面的小朋友把你撞倒了，你摔疼了，有点难过，他可能也有点害怕。

4. 积极善后：你可以跟对方说你摔得有点痛，有点不开心，也可以安慰对方别紧张，你没事，具体怎么说你来定。

心理分析

孩子之间的冲突不管是不是故意的，只要不严重，父母都可以给孩子一定的空间，让他们自己解决。这样的经历能够锻炼孩子的社交能力，促进他们的成长。

无论孩子的表现如何，父母都要接纳他们的情绪。孩子只有在感受到被理解、被包容的情况下，才能建立起内心的安全感。父母也可以借此机会告诉孩子，如果真的受到了欺负，一定要告诉父母，父母是他最坚强的后盾。

Chapter 3

带孩子去商场时如何沟通

01

做好预算：什么玩具都想要，如何引导孩子理性购买

　　带孩子逛商场，进了玩具店，孩子什么都想要，家长不给买就大哭大闹，甚至躺在地上耍赖，让家长很烦躁。为了避免这种情况，家长应如何跟孩子沟通？

❌ 错误对话　　　　　　　　✅ 正确沟通

错误对话

· 好好好，给你买！

· 家里已经有很多玩具了，今天只能买一个。

· 说好的今天不买玩具，说话不算数以后再也不带你来了。

正确沟通

1. 讲解预算：家庭的每一笔开支都需要进行预算，不管是买玩具，还是交学费、还房贷，甚至包括日常开支都是有预算安排的。

2. 提前沟通：今天去商场买玩具的预算为 50 元，买几个都可以，但总共不能超过 50 元，如果能做到，我们就出发去商场。

3. 事先确认：进玩具店之前再跟孩子确认一遍承诺。

4. 坚持原则：家长也要坚持原则，不因孩子哭闹而动摇。

心理分析

买玩具提供了一个很重要的财商教育机会，让孩子形象地理解"预算"的概念。首先，向孩子解释预算的含义，使其建立整体认识；其次，针对买玩具这一具体问题，说明年度玩具预算和每月可支配金额。这样孩子便能清晰地认识到要不要、能不能或者何时买某个玩具。

在确认预算时，通过点头或口头同意，孩子再次表明自己的理解和承诺。如果孩子试图"毁约"，我们应该坚持原则，有理有据地与孩子沟通。有了之前的解释和承诺，大部分孩子都会被说服。这种教育方式不仅能提高孩子的财商，还有助于培养他们重承诺和负责任的品质。

02

消费教育：点餐过多浪费钱，
如何引导孩子避免冲动消费

带孩子去餐厅吃饭，孩子什么都想点，结果不小心点了太多菜没吃完，多花了很多钱。此时，家长应怎么沟通？

❌ 错误对话　　　　　　　　✅ 正确沟通

·我就说要少点几个菜,非要点这么多,看现在吃不完了吧,浪费钱!

·下次再这样,我再也不带你们出来吃饭。

·我说要少点几个菜,你们非说能吃完,现在你们努力吃呀。

正确沟通

1.提出问题:我发现我们今天点了太多的菜,剩下很多,多花了很多钱,今天要打包,以后出来吃饭怎么避免这种情况呢?

2.共同讨论:我提议,以后出来吃饭,每个人只点一个菜,不够吃再加,点菜要做到荤素搭配,不暴饮暴食。如果谁有其他想吃的菜,就下次再点。大家还有别的意见吗?

3.消费教育:虽说现在生活好了,但需要花钱的地方有很多,我们还是应该仔细考虑消费决策,确保开销是真正有价值和必要的,避免冲动消费。

心理分析

在日常生活中,每个问题都可以成为亲子沟通的契机。

作为家长，我们可以先指出问题，然后与孩子平等地讨论解决方案，鼓励孩子提出自己的想法和见解，最终达成共识。

这样的沟通方式有助于孩子养成及时解决问题的好习惯，而不是被消极情绪所困扰。

在讨论过程中，即使孩子的想法明显存在偏差，我们也不应强迫孩子立刻认同、接受我们的观点，而是应给予他们思考的空间和时间，相信成长的力量。

与孩子共同探讨问题的过程，也为我们提供了深入了解他们的机会。这种开放、尊重的沟通方式不仅能够促进亲子关系的和谐，更有助于孩子自主思考、独立发展。

03

应对危机：孩子不慎走散，
如何避免糟糕后果

　　当孩子与家长不小心在商场走散，家长可能会非常担心着急。在找到孩子后，家长的第一反应往往是生气指责，然而，在这种情况下，重要的是保持冷静，并采取恰当的方式与孩子沟通。

❌ **错误对话**　　　　　　　　✅ **正确沟通**

错误对话

· 让你不要跑，为什么不听话？

· 刚刚吓死爸爸了，下次再这样就不带你出门了。

· 你可一点儿都不让人省心！

正确沟通

1.表达感受：刚刚你不见了，爸爸非常担心，心里设想了很多不好的事情，万一你真的走丢，再也回不来了，那你就永远见不到妈妈，妈妈也再见不到你了，这可怎么办？

2.讨论解决：下次再遇到这种情况，我们要怎么办？我的建议是要么在原地等我，要么求助商场工作人员，请他们广播找人或者打电话给我。你还有什么建议吗？

3.提醒危险：如果不小心跟爸爸妈妈走散了，千万不要跟任何陌生人走，不管他说什么。

心理分析

在遇到突发情况时，父母很容易感到紧张焦虑，明明想表达的是关心和爱，说出口却变成了指责和命令，这不仅让孩子感受不到爱，还可能导致他们二次受惊。

相比之下，父母如实表达自己的感受，不仅能有效地安抚孩子，还能帮助孩子学会关心他人的感受。

　　除此之外，家长还应与孩子共同制定有效的预案，以避免危险再次发生。

04

遵守秩序：公共场所喧闹，
如何让孩子保持安静有礼

孩子第一次坐地铁太兴奋了，在车厢里跑来跑去，大喊大叫，不仅很危险，还影响到了其他乘客。家长提醒了很多次都没有用，在这种情况下，家长应怎么办呢？

❌ 错误对话　　　　　　　✔ 正确沟通

·不要乱跑了，小心一点，不然警察叔叔会把你赶下车的。

·你这样大喊大叫，非常不礼貌，你看看哪个小孩像你这样?

·你这么又吵又闹，下次不带你出来了。

正确沟通

1.转移注意：现在我想和你玩一个游戏，我从 1 数到 100，看看谁能在这个时候坚持不动，谁坚持得久就算谁赢，你想玩吗?

2.制定规则：赢的人可以向输的人提一个要求，对方要保证做到。

3.开始游戏：现在我们找一个合适的位置扶稳，从 1 数到 100，谁也不许动。如果你输了，就安静 10 分钟；如果妈妈输了，就答应你的一个要求。

4.重复游戏：可以重复玩这个游戏，这样孩子就不会乱跑，也不会影响别人了。

心理分析

活泼好动是孩子的天性，尤其是对于较小的孩子而言，他们还没有形成集体意识和规则意识，因此在当下很难通过讲道理来改变他们的行为。在这种情况下，家长可以考虑利用其他有趣的事情来转移孩子的注意力。

这种方法尤其适用于公共场合，当家长引导孩子关注其他新奇有趣的事物时，他们通常会非常配合，自然就不再吵闹。

当然，事后，家长也要对孩子进行教育，告知孩子在公共场合需要遵守的规则和礼仪，并解释原因。通过引导，家长可以帮助孩子更好地约束自己的行为，避免类似情况再次发生。

Chapter 4

孩子生病了如何沟通

01

如实告知：如何让孩子
勇敢面对打针抽血

孩子生病了，由于害怕打针不愿意去医院，又哭又闹。家长担心孩子的身体，很着急。这种情况下该如何沟通？

❌ **错误对话**　　　　　　　　　❤ **正确沟通**

错误对话

· 就是去检查一下，不会打针也不会抽血，我保证。

· 谁让你生病的！生病就要吃药打针。

· 打针一点儿也不痛的，勇敢一点儿。

正确沟通

1.如实告知：生病了去医院，可能会打针也可能不会，主要是看医生怎么说。如果医生说需要打针，咱们就必须配合。

2.表达感受：妈妈知道你害怕，妈妈小时候也害怕打针，每次打针都会哭，倒不是说打针有多痛，就是心里害怕。

3.进行对比：打针其实也就痛几秒，而且只比蚂蚁咬得痛一点点，你可以用牙签扎一下肉，看看有多痛。

4.做出保证：我们先去医院看看，万一要打针的话，妈妈一定跟护士阿姨说，让她轻一点，再轻一点。

5.给予鼓励：（打完针后）是不是只有一点点痛，而且就痛了几秒？是不是没有想象中的可怕？你今天战胜了自己，我要给你点赞。

心理分析

　　没有孩子不怕打针，也没有孩子能躲得过打针。即使不生病，各种各样的疫苗也需要接种。在这种情况下，我们尤其不能欺骗孩子，"去医院不打针""打针一点儿都不痛"之类的谎言不仅消解不了孩子的恐惧，还会一次又一次让孩子失去对我们的信任，伤害亲子关系。

　　在这种情况下，家长可以这样做：首先，真诚地说出孩子的担忧，表达共情，让孩子知道自己的恐惧被父母看见了；其次，如实告知可能发生的情况，这会让孩子因为了解而减轻恐惧；最后，当孩子做到后，我们要不断地给予鼓励，让孩子体验到成就感和自豪感，强化他的勇气。

02

情景模拟：如何引导孩子
从抗拒到主动服药

　　孩子生病了却不愿意吃药，让家长很头疼。家长越着急，孩子就越抗拒，死活就是不张嘴。这种情况下，家长的内心很容易崩溃，该怎么沟通呢？

❌ 错误对话　　　　　　**✓ 正确沟通**

·快点喝，喝了药病才会好。

·如果不吃药，你的病情会加重的，这样就不能下楼跟小朋友玩了。

·谁让你生病的，有本事以后你不要生病。

正确沟通

1.请教孩子：我想向你请教一件事，上次有个亲戚家的小孩生病了，药特别苦，他怎么都不肯喝，你觉得该怎么办呢？

2.听取建议：孩子可能会提供一些建议，比如一口喝掉，或者喝完药吃一颗糖等。

3.给予肯定：哇，你的方法简直太好了，下次我要告诉他，让他用这些方法试一试。

4.解决当下：今天医生给你开的药，可能也有点苦，我们就按你说的方法试一下行吗？

心理分析

让孩子成为自己问题的解决者是一种非常有效的沟通方式——孩子总是愿意尝试自己提出的解决方法。我们向孩子请教问题，不仅会激发孩子的助人之心，还会让孩子感到被重视，觉得"我有能力解决这个问题"。同时，这也为孩子提供了思考的空间，为后面的吃药做了铺垫。需要注意的是，在孩子做到后，家长务必及时表扬，让孩子体验到成就感和满足感。

除此之外，家长也可以与孩子玩"医生 – 病人"的游戏，双方轮流扮演病人，"勇敢"地做检查、吃药、打针。大多数孩子都会在这种角色扮演中受到鼓舞，愿意真正做一个勇敢的人。

03

爱的让步：孩子提出看病的交换条件 且狮子大开口，家长如何巧妙应对

孩子答应去医院看病，却提出了条件，而且还是狮子大开口——要一个很贵的玩具。这种情况下，家长如何沟通？

❌ 错误对话　　　　　　　**✓ 正确沟通**

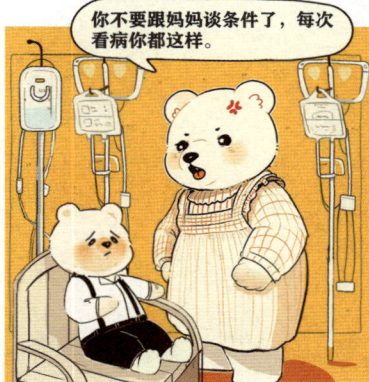

你不要跟妈妈谈条件了，每次看病你都这样。

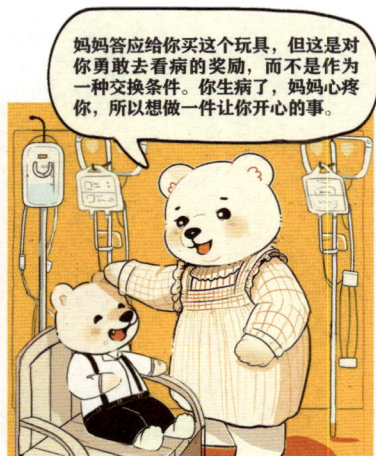

妈妈答应给你买这个玩具，但这是对你勇敢去看病的奖励，而不是作为一种交换条件。你生病了，妈妈心疼你，所以想做一件让你开心的事。

错误对话

·好的，妈妈答应你，如果你去看病，妈妈就给你买这个玩具。

·看病是你自己的事情，为什么要跟我谈条件？

·你不要跟妈妈谈条件了，每次看病你都这样。

正确沟通

1.做出区分：看病是看病，买玩具是买玩具，这是两码事，不能作为交换的条件。

2.说明事实：妈妈答应给你买这个玩具，但这是对你勇敢去看病的奖励，而不是作为一种交换条件。你生病了，妈妈心疼你，所以想做一件让你开心的事。

3.兑现承诺：在孩子勇敢去医院看病后，家长务必兑现承诺。

心理分析

在给予孩子物质奖励时，我们不能盲目地答应孩子的要求。一定要告诉孩子，奖励是对他的成长、品质和品德的肯定，而不是他做到什么的交换条件。

作为交换条件的奖励会让孩子产生错误的价值观，认为自己只要完成某项任务，就可以获得想要的奖励。这将导致他们只关注外在的奖励，忽视内在的成长。而后者对孩子的发展更为重要。

Chapter 5

晚上睡觉谈心时怎么说

01

逐步过渡：孩子怕黑
不敢分房睡，如何引导

孩子到了一定的年龄应该跟父母分房睡，但孩子由于怕黑不愿意自己睡觉。家长很想让孩子独立，却招架不住孩子的哭闹。这种情况下，如何跟孩子沟通呢？

❌ 错误对话　　　　　　　✅ 正确沟通

错误对话

·你已经是大孩子了，不能再跟妈妈睡觉了。

·前两天你答应过的，要说话算数。

·我们宝宝最棒了，如果今天晚上你自己睡觉，这个周末我带你出去吃大餐。

正确沟通

1.理解孩子：你一个人睡觉，心里会有什么感受呢？是怕黑，还是之前跟妈妈一起睡习惯了，分开有点不适应，或者有点失落，舍不得妈妈？还是有什么其他感受？

2.共同面对：妈妈知道也理解你的感受，我们来讨论一下，妈妈怎么做才能让你更安心一些？

3.倾听孩子：孩子很可能希望妈妈等自己睡着后再离开，而且不要关灯，不要关房门。

4.逐步放手：可以把分房睡这个较大的任务分成多步来实现，在这个过程中，随着孩子的进步，家长逐步放手，直至达到目的。

心理分析

过早分房睡可能导致孩子缺乏安全感，感到焦虑。因此，与孩子分房睡时，父母可以采取一些过渡措施，帮助孩子逐步适应。

首先，家长可以让孩子参与自己房间的设计和布置，让孩子选择自己喜欢的床铺、窗帘、壁纸等，孩子肯定更愿意睡在自己布置的房间。

其次，刚分房睡时，可以先不锁房门，父母和孩子的房门都不要锁，并且在孩子睡着前也不要关灯，以减少孩子的恐惧心理。

最后，如果有条件，父母可以在孩子睡前陪伴孩子，给孩子讲故事，陪孩子玩游戏，让孩子意识到即使分房睡，父母也是爱自己的，这有助于孩子接受和父母分房睡的事实。

02

承担后果：孩子晚上一直玩耍不肯睡觉，如何沟通

孩子晚上一直玩，到了睡觉时间也不愿意睡觉，家长提醒了很多次都没用，如何跟孩子沟通？

❌ **错误对话**　　　　　　✅ **正确沟通**

错误对话

· 快点睡觉，这么晚还不睡觉，明天上学又要迟到了。

· 我数123，立刻！马上！给我睡觉！

· 你们再不睡觉，我以后再也不管你们了。

正确沟通

1.学会示弱：你们这么晚都不睡，妈妈既难过又担心，怕你们明天早上起不来会迟到，也担心你们的身体发育，要知道晚睡会影响长个子的。可是妈妈说了这么久，你们就是不听，妈妈也不知道该怎么办了。

2.提供选择：现在妈妈给你们两个选择，一是五分钟之后睡觉，二是妈妈不管了，妈妈也有自己的事要做，你们今天晚上自己睡觉。

3.承担后果：如果你们今天睡得太晚，明天早上起不来导致上学迟到，你们自己去跟老师解释好吗？

心理分析

小孩子通常活泼好动，精力旺盛，如果白天睡得过多，晚上就会没有睡意。在这种情况下，与其一味指责、命令或抱怨孩子，不如试试换一种方式——不关注孩子的行为，而只是坦诚地表达自己的情绪。通过这种方式，孩子不仅能理解父母的想法，还能感受到父母的爱与尊重，从而愿意做出改变。

　　除此之外，也可以让孩子承担一些不良后果，这是他们成长过程中的必修课。家长不必过于担心，通过让孩子承担后果，我们实际上是在教导他们对自身的行为负责。这不仅有助于培养他们的责任感，还能促进他们自主性的发展。

03

灵活处理：周末晚上孩子
想通宵看书，如何应对

周五晚上，孩子看了一本很喜欢的书，想不睡觉一口气看完，家长应怎么办？

错误对话

· 不可以，这样对身体特别不好，现在就去睡觉。

· 我们要养成按时睡觉的习惯。

· 如果你通宵看书，明天起不来，没法出去玩，可不要怪我哟！

正确沟通

1. 说明事实：妈妈理解你的感受，因为妈妈小时候也有过通宵看书的经历。你想通宵看书，妈妈也不反对，但是我们约好了明天下午去游乐场玩，我担心你明天没有足够的精力玩耍。

2. 引导思考：怎样才能把书看完，又不影响明天出去玩呢？动动你聪明的小脑瓜想一想吧。

3. 提供建议：我有一个建议，这本书大概需要 6 个小时看完，你今天晚上可以再看两个小时，看到 11 点，明天早上7 点起来再看一上午。这样既能把书看完，又不影响明天下午出去玩，你觉得如何？

心理分析

对于孩子偶尔的任性，我们是否应该满足？我认为是可以的，只要这种行为不是经常出现，并且不会对身体健康造成太大的影响。偶尔的任性体验，会给孩子留下深刻的记忆，成为他们成长过程的一部分。

我们应该从孩子的角度出发，去理解和支持他们，并在适当的时候提供建议。孩子在感受到被理解和尊重后，更有可能听取我们的意见。

不必用"放大镜"来审视孩子成长过程中的每一个细节，一点偏差都容不下。有时候，给予孩子足够的自由反而能促进他们的自律，让他们能够在我们看不见的地方主动约束自己的行为。因此，所谓的"不良行为"，实际上是他们成长的重要契机。

04

澄清情绪：孩子躲在被窝里 偷偷哭泣，如何沟通

　　二孩家庭，兄弟两人发生冲突打了一架，虽然已经和好并互相道歉，但晚上睡觉的时候，家长却发现哥哥在偷偷哭。作为家长，如何跟孩子沟通？

❌ **错误对话**　　　　　　　　　　　❤ **正确沟通**

错误对话

· 为什么哭啊？这么晚还不睡觉，有什么事明天再说吧，赶紧睡觉。

· 不要想太多了，很多事睡一觉就过去了。

· 快点睡了，我要关灯了。

正确沟通

1. 了解情况：发生了什么事情让你这么伤心？可以告诉我吗？

2. 澄清情绪：你是因为弟弟把你打痛而感到难过，还是你觉得自己不该跟弟弟发生冲突，有些自责和懊恼？还是有其他的情绪？

3. 减轻压力：如果你觉得自己不该和弟弟发生冲突，没有管好自己，对自己有点失望。妈妈理解你，你现在才 10 岁，和弟弟打打闹闹是很正常的。你感到自责和懊恼，恰恰说明你是一个很善良的孩子，懂得爱护弟弟，也知道反省和严格要求自己，妈妈给你点赞。而且妈妈要告诉你，妈妈小时候也和你舅舅打过架，但我们现在不仅没有记恨对方，而且想起来当初打架的场景，还觉得很幸福，所以你也不用过分自责。

4. 安抚孩子：以后再跟弟弟发生冲突，尽量克制一下自己就好了，来，妈妈抱一抱，赶紧睡觉吧。

心理分析

　　澄清孩子的情绪，可以帮助他们更好地自我分析。任何事情都有两面性，犯错也不完全是坏事。我们要引导孩子从多个角度看待自己的错误，尤其是当孩子过分自责时，要让其看到自己的积极面，从而平复情绪，有勇气改正错误。

Chapter 6

如何与孩子沟通
学校表现

01

压力转化：如何帮助孩子从倒数变为进步之星

孩子虽然学习努力，但心理压力过大，导致学习效率不高，成绩不佳。这进而加重了孩子的心理负担，形成恶性循环。在这种情况下，家长应如何与孩子沟通呢？

❌ 错误对话　　　　　　✅ 正确沟通

错误对话

·你上课都在干什么？考得这么差，老师很生气，打电话给我了！

·下次再考这么差，就不给你买玩具了。

·天天就想着玩游戏、看电视，心思都不在学习上！

正确沟通

1.倾听孩子：宝贝，我注意到你最近似乎有些不开心，学习上也遇到了一些困难。能和我聊聊你的感受吗？

2.鼓励孩子：找到孩子6个以上优点，告诉孩子他不是考试机器，成绩不好不代表他一无是处，他还有这么多优点，要客观看待自己。

3.管理压力：妈妈知道一个很有用的缓解压力的方法，就是分解学习任务，将大任务分解成小任务，分两次解决一个任务，不贪多。你可以试一试。

4.规划学习：你可以用这个方法规划一下下一周的学习，注意不要安排过多的任务，要劳逸结合，保证效率才能持续前进。

心理分析

当孩子因为自信不足或压力过大而成绩不佳时，家长不应再责备孩子，而应寻找方法打开孩子的心结，帮孩子化解压力，以更加轻松的心态去学习。

当然，孩子成绩不佳也可能有其他原因，比如上课没有听懂，或者课后没有及时复习，等等。我们要具体问题具体分析，针对孩子的情况采取相应的对策。

不管哪种情况，在与孩子沟通时，家长都要耐心倾听孩子的感受，站在孩子的角度去理解他们，避免过度指责或期望太高。孩子不仅需要父母关心他们的成绩，更需要父母陪伴他们分析问题、解决问题，给予他们信心和力量，与他们共同面对挑战。

02

提升能力：如何有效解决
孩子写字潦草的问题

　　孩子写字太潦草，家长说了很多次，还让孩子参加了书法班，但效果并不明显。该怎么办？教你一招解决这个问题。

❌ 错误对话　　　　　　　✔ 正确沟通

错误对话

· 这个字写得太丑了，你能不能把字写好一点？

· 你每天必须练 100 个字，再写不好，老师会生气的。

· 你看看你们班的同学，人家那字写得多好，你好意思吗？

正确沟通

1. 引起兴趣：妈妈知道一个很厉害的练字方法，一般人我不告诉他。这个方法可以让你很快把字练好，你想不想学？

2. 展示好处：用了这个方法，你就不用每天练 100 个字了，可以多一个小时去玩。

3. 介绍方法：方法就是一天只写 7 个字，但是这 7 个字要一笔一画、按最高标准来写。写好了，剩下的 93 个字就不用练了。

4. 及时鼓励：哇，你写得太好了，说明你是能够把字写好的。我把你的字发给老师看了，老师也说写得很漂亮。

5. 提出要求：现在我们就用这个最高标准来做作业，好吗？写慢一点也没关系，但要认真写好。

心理分析

　　在解决这类问题时，让孩子树立信心非常关键。大多数孩子都有能力把事情做好，只是还未掌握正确的方法。因此，我们可以先引导他们从小事做起，逐步建立信心，不断取得进步。

　　管理孩子的能量比管理他们的能力更重要。当孩子能量充足时，即使能力暂时不足，他们也会努力去弥补；而当能量不足时，能力再强也无法持续发挥。因此，面对问题，我们要先确保孩子有信心迈出第一步，这是他们克服困难、取得成功的关键。

03

培养自律：当孩子未戴红领巾导致班级被扣分时的沟通

学校规定学生每周一进校园时都要戴红领巾，结果孩子不小心忘记了，导致班级被扣分，没有拿到流动红旗。孩子受到了老师的批评，心里很难过。作为家长，你如何与孩子沟通？

❌ **错误对话**　　　　　✅ **正确沟通**

错误对话

· 跟你说了多少次，一定要戴好红领巾，你就是不听。

· 这次长记性了吧？看你下次还敢不敢忘！

· 你影响了班级荣誉，老师肯定会生气。

正确沟通

1.理解老师：流动红旗是全班共同努力的成果，老师批评你，不是因为不喜欢你，而是因为你没有遵守学校的规定，更没有把集体荣誉放在心上。

2.讨论方法：怎样才能避免这样的事情再次发生？可以在书包里放一条备用的红领巾，同时每天晚上把红领巾和第二天要穿的衣服放在一起，这样就不会忘记了。

3.给予肯定：这一个月你做得很好，没有再忘记戴红领巾，妈妈给你点赞。看来我们的方法很有用，你也可以把这个方法分享给同学。

心理分析

孩子犯了错被老师批评，心里很难过，不仅为自己的错误感到懊恼，更害怕老师不喜欢自己。如果父母不去安抚，任由孩子陷在负面情绪里，孩子可能就会越想越难过，并为此不知所措。

　　因此，在事情发生后，除了向孩子解释清楚其中的道理，父母还应该告诉他们如何避免类似情况的发生。当孩子改正错误、取得进步时，父母要及时给予鼓励，这样可以促使孩子养成积极面对问题、寻找解决方法并付诸行动的好习惯。

Chapter 7

跟孩子讨论学习时怎么说

01

假设事实：当孩子认为
读书无用时的引导策略

孩子觉得读书没用，不想上学。作为家长，应该如何跟孩子沟通？

❌ **错误对话**　　　　　✔ **正确沟通**

·不上学，你想干吗？

·为什么不想上学？小孩子的任务就是上学。

·你不上学，以后就没本事，挣不到钱，很惨的！

正确沟通

1.假设事实：不上学的话，你想干什么呢？你将来打算靠什么养活自己呢？

2.计算成本：我们先不讨论你的人生理想，先算算你要挣多少钱才能养活自己，每个月吃饭、交通、社交、买衣服分别要花多少钱。如果现在就不上学了，你能找到一份工作吗？你觉得自己挣的钱能支付这些费用吗？

3.引导思考：如果你目前养活不了自己，也不具备独立生活的能力就得上学，提高自己的能力和价值，将来才能够过上理想的生活，挣到更多的钱，这就是学习的意义。

4.提供支持：如果你在学校遇到了什么困难，可以告诉妈妈，我们一起解决。

心理分析

很多家长一听到孩子不想上学，就会立刻想象孩子将来毫无作为的场景，便立刻想要压制孩子的这种想法，不允许孩子有这样的念头。

其实，我们不必急于解决孩子不想上学的问题，而应该先了解孩子的想法，在尊重理解的基础上，帮助孩子分析他的想法是否可行，引导他们思考学习的意义。

当然，孩子不想上学还可能有其他原因，比如与老师、同学相处不愉快，学习压力太大、作业太多等。只有根据具体原因采取相应对策，才能真正解决问题。

作为家长，我们需要保持冷静，真正关心孩子本人而不仅仅是孩子的学习，否则可能会起反作用。孩子本人对我们来说才是最重要的，学习只是他们成长过程中的一部分。

02

积极心态：如何引导孩子 正确看待考试分数

　　孩子十分在意考试成绩，一旦考不好就特别伤心和焦虑，担心影响未来升学。在这种情况下，家长应该如何与孩子沟通？

❌ 错误对话　　　　　　　**✔ 正确沟通**

错误对话

· 知道自己成绩差就对了，这样才更有动力学习。

· 不要太在意分数，多一分少一分不代表什么。

· 好好看看哪些地方不该丢分，反思一下原因。

正确沟通

1. 重视掌握：学习不仅仅是为了取得好成绩，更是为了获得知识、提升能力，将来更好地参与社会生活。不要过度关注分数，要多思考自己对知识的掌握程度。

2. 正视分数：平时的考试分数只是对学习结果的一种反馈，提醒我们哪些知识点没有掌握，从而查漏补缺，更好地进步。

3. 看到进步：成长是一个渐进的过程，比起某次考试的分数，你在学习过程中的努力、进步和积累更为重要，要看到自己的成长。

4. 规划学习：与孩子一起制订合理的学习计划，帮助他们分配好时间、规划好学习任务，避免在考试前临时抱佛脚，减轻考试焦虑。

心理分析

家长可以先倾听孩子的心声，了解他们过于看重分数的原因，理解他们内心的情感需求。这有助于建立互信和共情，为沟通奠定基础。

家长可以与孩子一起探讨分数的意义和有效的学习心态，引导孩子重视知识的掌握而非考试的分数，重视进步而非结果，以一种成长、开放的心态看待学习。相信孩子卸下思想枷锁后，学习之路会走得更加轻松。

除此之外，帮助孩子合理规划学习和复习计划也是有必要的，这有助于他们提高学习效率，减轻考试焦虑。

03

记忆技巧：帮助孩子快速背诵古诗的记忆术

孩子花了一个多小时的时间背一首诗，却还是没有背会，变得焦躁不安，家长也十分着急。此时，家长应如何与孩子沟通？

❌ **错误对话**　　　　　　　　　✅ **正确沟通**

这么简单的东西，你怎么背了这么半天还是不会啊？

背了这么久都没有背会，有可能是方法的问题，妈妈教你一个学霸背书的方法，可以让你几分钟就背会这首诗，你想不想学？

· 这么简单的东西，你怎么背了这么半天还是不会啊？

· 快点背呀，一晚上的时间都被你磨蹭没了。

· 你可真是太笨了。

正确沟通

1.理解孩子：背了这么久都没有背会，有可能是方法的问题，妈妈教你一个学霸背书的方法，可以让你几分钟就背会这首诗，你想不想学？

2.介绍方法：你背的这首《天净沙·秋思》，场景的描写很形象，妈妈教你的这个方法就叫形象记忆法，你可以一边读，一边在脑海中联想出这个画面：夕阳西下，一群乌鸦落在一棵枯树上；有一座小桥，桥下有哗啦啦的流水；小桥边有一户人家在做饭，烟囱在冒烟；远处的路上有一匹很瘦的马在顶着西风往前走，前面有个人牵着马。然后，你把每一句诗在画面上的对应位置标出来，并标明先后顺序，结合画面来记忆，很快就能背会。

3.给予肯定：是不是几分钟就背会了？你太厉害了！

心理分析

　　当孩子遇到学习困难，他们往往会感到焦虑。如果我们再表现出不满和责备，只会加重他们的心理负担；相反，我们应该让孩子知道，无论遇到什么困难，父母都会支持和帮助他们。

　　此外，我们还应教给孩子正确的学习方法，并确保他们能够及时取得成果。当他们取得一些成果时，我们要及时看见、及时反馈，让孩子感到自己的努力得到了认可。这样，他们就会为自己的进步和成长感到自豪，并逐渐对学习产生信心。

Chapter 8

引导孩子与同学
相处时怎么说

01

全面看待：孩子遇到爱打小报告的同学，如何引导

有个同学频繁向老师打小报告，这让孩子很苦恼，但是又不知道如何处理。作为家长，应该如何跟孩子沟通？

❌ 错误对话　　　　　　✅ 正确沟通

你好好学习，其他事情不要太在意。

你觉得同学打小报告的行为不好，让你很难过，我们今天就探讨一下这种行为，毕竟我们一生中会遇到很多我们不喜欢的人和事。

错误对话

·你不要管别人，做好你自己就行了。

·如果他说你做了什么，但是你没有那样做，那你跟老师解释清楚就行了。

·你好好学习，其他事情不要太在意。

正确沟通

1.理解感受：（分别处理孩子的每一种情绪、每一种担忧，而不是直接处理整件事。）

如果你确实做错了事，那就向老师承认错误，这叫勇于担当。如果事实不是这样，就要大胆地把事实告诉老师，这叫勇于表达。

你觉得同学打小报告的行为不好，让你很难过，我们今天就探讨一下这种行为，毕竟我们一生中会遇到很多我们不喜欢的人和事。

2.全面看待他人：世界就是由不同的事物和不同的人组成的，你想如果这个世界全部是白色，或者全部是黑色，是不是会很单调？每个人都是独一无二的，我们要允许身边有不同的人存在。每个人身上都有别人不喜欢的缺点，也会有别人很喜欢的优点，我们要全面地去理解他人的优点和缺点。

3. 如实告知：如果他的行为让你不舒服，我们可以如实地告诉他。当然，己所不欲，勿施于人，我们也不要用这种方式对待别人。同样重要的是，我们要思考如何与不同性格的人相处。

心理分析

孩子从小对关系处理的认知，将成为他们长大后处理人际关系的指导原则。孩子小时候如何应对问题，无论是独自承受还是向老师倾诉，他们在长大后遇到类似情境时，也会倾向于采用相同的应对模式。

因此，作为家长，我们不应轻视此类"小事"，而应借此机会引导孩子学会恰当处理人际关系问题，学会换位思考，了解人际交往的黄金法则。

02

兑现承诺：孩子答应送贵重礼物给同学，如何沟通

孩子答应送给同学一份很贵重的生日礼物，前来向父母要钱。作为父母，如何跟孩子沟通？

❌ 错误对话　　　　　　　　**✔ 正确沟通**

· 这个礼物太贵了。

· 小孩子之间不要攀比。

· 你怎么能不跟妈妈说好就承诺别人？

正确沟通

1. 表达感受：我理解你想要给同学买礼物的心情，但你要买这么贵重的礼物，让我有点担忧。妈妈害怕你变成一个喜欢攀比、爱慕虚荣的孩子，也害怕你会做出父母承担不起的消费决定。

2. 答应孩子：妈妈这次会给你钱买礼物，帮你履行承诺，但我希望你将来遇到类似情况时要提前商量，并且学会理性消费。

3. 讨论友谊：这种超出现有消费能力的礼物，不仅没法增进友谊，还可能给你们双方造成负担。试想你给他买了贵重的礼物，等你过生日的时候，她是不是也要买很贵重的礼物给你，她是不是也会很有压力？礼物不在于贵重，在于心意。

4. 做好规划：你可以做个规划，今年有几个朋友过生日，打算花多少钱买礼物，都列出来。这笔钱要从你的零花钱或压岁钱里出，如果中间出现变动，我们可以一起想办法。

5.承担责任：要让孩子意识到自己有参与家庭经营的责任，让他们明白自己的每一个决定都需要考虑后果，培养孩子的责任感和独立思考能力。

心理分析

孩子已经答应了同学，因此父母再不满也不要拒绝孩子的请求，而应帮助孩子履行承诺。毕竟诚信教育比金钱教育重要得多。

在答应孩子的请求后，父母要让孩子意识到这种行为的不当之处：过于昂贵的礼物，不仅不能加深同学间的情谊，反而会给双方带来负担。攀比之心要不得！

除此之外，父母还可以借机对孩子进行财商教育，告知孩子家庭的收入情况，让孩子意识到财富来之不易，增强其家庭责任感，学会合理支出。

03

尊重支持：孩子有了自己的小秘密，如何沟通

孩子上小学后，有了自己的小秘密，不愿意把心里话告诉父母，这让父母很担忧。他们担心孩子可能会在遇到困难时独自承受压力。这种情况下，父母应该如何与孩子沟通？

❌ 错误对话　　　　　**✅ 正确沟通**

错误对话

· 我是你的妈妈，我不会伤害你的，有事情一定要跟我说。

· 现在就有秘密不愿意让妈妈知道了？你不爱妈妈了。

· 没有人会像妈妈一样永远支持你。

正确沟通

1.理解孩子：你现在长大了，有了自己的朋友、独立的思想和自己的小秘密，有些事情不愿意跟别人分享是很正常的，妈妈能理解，妈妈小时候也是这样的。

2.说出担心：妈妈只是担心你在学校里万一受到欺负，或者跟同学发生矛盾，你自己处理不了，又不愿意告诉妈妈，就一个人憋在心里，或者让事情变得更糟糕。

3.解决方案：每个人在成长过程中都会遇到困扰，妈妈在工作中也会遇到困扰，此时该怎么办呢？妈妈有个提议，如果我们遇到了自己解决不了的问题，就给信任的人写信，你觉得如何？或者你有什么更好的建议？

心理分析

　　若孩子不再与我们坦诚相待，可能是因为过往他们遇到困扰时，我们只给予了肤浅的安慰，却未能提供实质性的帮助或理解。长此以往，孩子便可能觉得与家长沟通无益，甚至徒增烦恼，从而选择沉默。

　　当孩子向我们倾诉问题时，我们若有能力，应当传授更好的应对方法；若力所不及，也应共同寻求外部援助。即便问题一时难以解决，我们至少应做到感同身受，让孩子深切体会到父母是他们的坚强后盾，愿意与他们并肩作战。父母的理解、支持以及积极解决问题的态度，将成为孩子不可或缺的支柱。

04

交友观念：孩子与"问题孩子"交朋友，如何引导

孩子跟一个很调皮、成绩也不好的同学交朋友，家长很担心，应如何跟孩子沟通？

❌ **错误对话**　　　　✔ **正确沟通**

错误对话

·你能不能把精力放在学习上，不要老想着跟同学玩。

·我发现你跟这个同学一起玩之后，好像脑子里天天想着玩游戏。

·不许再跟他一起玩了。

正确沟通

1.了解情况：你为什么愿意跟他做朋友呢？你们是怎么成为好朋友的？你在学校还有其他朋友吗？

2.接触同学：妈妈想请他来家里吃饭，可以帮我邀请他吗？

3.确立目标：你们两个做好朋友，我也非常开心。但除了一起玩耍，你们也要共同确立学习目标。真正的好朋友应该一起成长，共同进步。

4.约法三章：但是妈妈想告诉你们，你们在一起的时候有三件事情不能做：一、不能说脏话；二、不能去危险的地方；三、不能沉迷于游戏。

5.集体奖励：如果你们两个在下次考试中都取得进步，我将给你们一个大大的奖励。

心理分析

每位家长内心深处都希望自己的孩子能与优秀的小伙伴做朋友，以对方为榜样，变得更加出色。

当孩子与所谓的"问题孩子"交朋友时，家长难免会担心孩子"学坏"。然而，我们要意识到，即使是调皮、不好好学习的孩子，也会有他独特的闪光点。因此，在深入了解情况之前，我们不应干涉孩子的交友选择。

若家长实在感到担忧，可以坦诚地与孩子沟通，指出同学的优点和需要改进的地方，并与孩子共同制定一个明确的交友目标。

每个孩子内心深处都渴望进步，渴望得到他人的肯定。通过让孩子们共同确定目标，并鼓励他们互相激励、共同进步，我们可以帮助他们朝着更好的方向发展。

05

集体共识：画的画被同学
说丑，很伤心

孩子心思细腻，很在意同学的评价，画的熊猫被同学说丑、不像熊猫，心里很难过，甚至害怕去上学。作为家长，你如何与孩子沟通？

❌ **错误对话**　　　　　　✅ **正确沟通**

错误对话

· 我说了无数次你画得很好，不要在意同学说什么。

· 你画得可好了，特别好。

· 这么多人都觉得你画得丑，你确实该好好反思一下。

正确沟通

1.画画是种表达：画画就像说话、唱歌一样，重要的是享受这个过程，乐在其中。至于画的水平，只要每天跟前一天比有所进步就够了，所谓美丑的标准是为我们服务的，不能决定我们成功与否，也不能左右我们的快乐。

2.正确看待评价：你要知道，评价无论好坏，本质上都是别人的观点，而不是事实本身。还记得《盲人摸象》的故事吗？四个盲人对大象的描述截然不同，就是因为这些描述都是他们的观点。他们看待事物的角度不同，结论也不同。

所以别人说你好，不用太骄傲；说你不好，也没必要过于伤心。那些合理、客观的评价，我们可以拿来当作让自己变好的提醒，激励自己进步；那些不友好、不合理的评价，我们就当作笑话，让它随风而过。重要的是你要认可自己，并在此基础上慢慢变好。

心理分析

　　在学校这个小社会中，孩子非常渴望得到集体的认可。当某些行为得不到集体认同时，孩子可能会产生负面情绪。此时，我们应帮助他们厘清情绪的来源，并纠正他们的错误认知与片面认知，使他们在思考中变得自洽，逐渐从寻求外界的认可转向寻求内在的自我认可，这是他们成长的必经阶段。

　　有时孩子过于在意他人的看法，可能与我们不恰当的表扬有关。我们应该更多地鼓励孩子，而非单纯地表扬他们。鼓励的重点在于肯定他们的进步过程，强调他们的努力和成长，而非仅仅关注结果。这样可以帮助孩子形成客观的自我评价，并从中获得自信。

06

公正选择：孩子面临投票难题，如何引导

孩子的好朋友要竞选班干部，希望孩子投票给他。孩子感到很为难，因为他认为另一个同学更适合这个职位。在这种情况下，作为家长，当孩子向你求助时，你打算如何进行沟通呢？

❌ **错误对话**　　　　　　　✅ **正确沟通**

> 这是你自己的事情，你自己做主。

> 你现在是不是非常为难？既想投给自己的好朋友，又想投给你认为更能胜任的同学。如果不投给好朋友，他会不理你吗？

错误对话

· 看看人家，再看看你，你自己为什么不竞选班干部？

· 这是你自己的事情，你自己做主。

· 谁和你关系好，你就选谁。

正确沟通

1.考虑后果：你现在是不是非常为难？既想投给自己的好朋友，又想投给你认为更能胜任的同学。如果不投给好朋友，他会不理你吗？

2.假设身份：我们做选择时，通常既要考虑感性因素，又要考虑理性因素。当你不知道如何选择时，不妨从自己的身份角色里跳出来。试想一下，假如你是班主任，你希望班干部承担什么职责，做哪些事情，具备什么能力。

3.分别打分：把班干部要具备的所有能力、要做的所有事情一一列出来，给你的好朋友和另一个候选人分别打分，谁的总分最高，你就投谁。当然，你也可以把感情分当作其中一项。

4.学会方法：以后你遇到类似的决策问题，都可以采用这个方法。如果你的好朋友问起，你就把你的决策过程展示给他看，相信你们都能从中获得成长。

心理分析

　　在小学阶段，孩子在社交中常常会面临选择和决策的难题，他们不知道如何在情感与理性之间找到平衡。在这种情况下，传授他们一套决策方法可能比简单地讲道理更为有用。更重要的是，一旦他们掌握了这种方法，将来遇到类似问题时就能够举一反三，灵活有效地解决问题。

07

解释原因：孩子问"为何同学可以玩手机而自己不行"，如何沟通

孩子看到同学假期玩手机，就跟家长闹着也要玩。作为家长，你打算如何沟通？

错误对话

· 玩物丧志，玩手机又伤眼睛，又耽误事。

· 你觉得你同学的父母好，那你去他家当孩子吧。

· 你怎么就光看见别人玩呢，别人学习你怎么没看见？

正确沟通

1. 摆事实：你知道妈妈为什么不让你玩手机吗？你有没有发现，即使你只玩一会儿手机，放下手机后也会很长时间心神不宁，没法沉下心去做事。你知道是什么原因吗？

2. 讲道理：手机带来的影响，并非只是伤眼或耽误时间那么简单。深层次的原因在于，当你沉迷于手机游戏和视频时，实际上是在追求一种短暂的快感。这种快感可能只持续几秒钟，但久而久之，你的身体会习惯于这种快速满足，对于需要长时间投入和深度思考的事物，你可能会厌恶、不耐烦。

在人的成长过程中，许多成就都来自持之以恒的努力和深度投入。读一本书可能需要两小时，减肥也不是短期能达成的。如果你从小就养成了追求短暂快感的习惯，长大后面对这些需要长期投入的任务时，你的身体可能会产生抵触，导致不适甚至产生负面情绪。

而且，一旦身体适应了这种节奏，就很容易产生依赖，难以改变。这也是妈妈不希望你过早使用手机的原因。

心理分析

在与年龄稍大的孩子沟通时，将要求的深层原因解释清楚至关重要。你会发现，当你这样做时，大多数孩子是愿意倾听并接受的。

当然，作为家长，我们也要以身作则，不过度使用手机，成为孩子的榜样。

Chapter 9

陪孩子写作业时怎么说

01

悉心引导：孩子写作业磨蹭时的引导策略

孩子上小学后，写作业时经常磨蹭，不是摆弄文具，就是坐在那里发呆，这让家长感到十分焦虑。面对这种情况，家长应如何沟通呢？

❌ **错误对话**　　　　　　✅ **正确沟通**

·快点写，你要把我气死了。

·就没有见过你这么磨蹭的人，妈妈都要被你气得血压升高了。

·你看看你们班的同学，哪一个写作业像你这样磨蹭啊?

正确沟通

1.表达关心：我注意到你写作业时好像有些分心，导致写得很慢，是不是有什么事情让你感到困扰?

2.探讨原因：是作业难度太大，你没有信心完成，所以故意磨蹭，还是你对某个科目不感兴趣，不想写呢? 还是有别的什么原因?

3.设定目标：我觉得这些作业你一个小时就能完成，我们争取在今天晚上9点前完成所有作业。如果能做到，我们就出去玩半个小时，你觉得怎么样?

4.提供建议：写作业前，你可以先整理一下书桌，把无关的物品比如课外书、多余的文具都收起来，这样可以减少干扰。每完成一项作业，你可以休息5分钟，让大脑放松一下。

5.及时鼓励：你今天写作业的速度比昨天快了很多，真棒!

6.持续关注：持续关注孩子写作业的情况，并根据需要进行调整。如果发现孩子在某些方面仍然存在问题，可以与老师或学校进行沟通，寻求更多的帮助和支持。

心理分析

孩子写作业磨蹭，家长难免会焦虑甚至动怒，并试图通过批评、指责来敦促孩子。然而，孩子的磨蹭可能并非有意为之，而是学习遇到困扰所致。作为家长，应先平静温和地表达关心，让孩子在理解和支持中找到共鸣，然后，共同探讨，找到孩子写作业磨蹭的根源。这有助于针对性地制定解决方案。

考虑到孩子的意志力发展还不成熟，可以通过设定明确的目标来让孩子更有动力去完成任务。同时，减少外界干扰，并确保适当的休息，这些都有助于提升孩子的专注力，进而提升他们写作业的效率。

当孩子取得进步时，我们要及时给予鼓励，这样他们会更有信心面对挑战，并持续改进不良习惯。

此外，与老师保持沟通也至关重要，这将使我们更全面地了解孩子在校的学习动态和需求，从而为他们提供更加贴切的支持和帮助。

02

找到方法：解决孩子一写作文就头疼的难题

很多孩子会对写作文感到头疼。写不出来的时候，他们很容易情绪激动，甚至哭闹、发脾气，让家长备感焦虑和苦恼。在这种情况下，家长应如何与孩子沟通呢？

❌ **错误对话**　　　　　　　✅ **正确沟通**

这也不会，那也不会，我真怀疑你上学没带脑子。

写不出来，那能不能说出来呢？你可以试试把想表达的内容口述出来，妈妈帮你录音并转成文字，然后你再修改。

错误对话

· 老师没有教过吗？你按老师教的来写就好了。

· 你肯定没有好好听课。

· 这也不会，那也不会，我真怀疑你上学没带脑子。

正确沟通

1. 以说代写：写不出来，那能不能说出来呢？你可以试试把想表达的内容口述出来，妈妈帮你录音并转成文字，然后你再修改。

2. 学习范文：大部分作文都有常用的体例结构，你可以多看一些范文，看看别人是怎么写的，模仿搭建框架。

3. 勤学多练：你可以把平时读到的优美的词句摘抄下来，积累的素材多了，就更容易写出好的文章。同时，你也要多练习写作，可以从写日记入手，一点一滴地提高写作能力。

心理分析

当孩子因为不会做作业而发火时，我们当然也会感到不悦。但如果此时我们再说一些嘲讽或批评的话，不仅解决不了问题，反而会激化矛盾。

实际上，孩子发火也是在寻求帮助。在这种情况下，我们需要帮助孩子找到解决问题的方法，引导他有效地解决问题，同时让他明白，父母始终是他最可靠的协作者和支持者。

03

自主思考：鼓励孩子独立思考问题，减少依赖网络和家长

在写作业的过程中，孩子一遇到不会的题目，立刻就去问家长或上网查询，从不自主思考，家长为此很恼火。这种情况下，如何沟通更有效呢？

❌ **错误对话**　　　　　　　✅ **正确沟通**

·遇到不会做的题，你能不能先动脑筋思考一下？

·如果现在是在考试，你去问谁呢？

·不要依赖妈妈，也不要上网去查，你要学会遇到问题自己想办法。

正确沟通

1.提出问题：如果妈妈没有在家，家里也断网了，你打算怎么解答这道题？

2.讨论方法：妈妈建议你多读几遍题目，很多时候，理解了题目自然就会做了。如果还是不会做，可以看看这个题考查的是哪个知识点，然后打开书复习一下。如果还是不会，再来请教妈妈或者上网查。你还有什么更好的方法和建议吗？另外，你还可以考虑第二天问一下老师。

3.命名仪式：我们讨论出来的这个方法，我们来给它起个名字吧，就叫作"1+1+1学习法"，你觉得怎么样？以后遇到不会的题，我们就用这个方法来解决。

心理分析

遇到不会的题时，我们应该与孩子共同面对，并鼓励他们一起寻找解决方法。

为了延长解决问题后的成就感，并强化孩子对方法的掌握，我们可以进行一些仪式性活动或创造属于双方的小秘密，比如给方法命名。这样当孩子再次遇到难题时，只要提及这个方法名，他就会知道该怎么做。这种方式不仅能增进亲子间的默契，还能让孩子在应对问题时更有信心与勇气。

04

时间管理：如何避免孩子一写作业就要喝水、吃水果

孩子每每开始写作业，不是要喝水、吃水果，就是要上厕所或削铅笔，让家长很恼火。这种情况下，家长应如何与孩子沟通？

❌ 错误对话	✔ 正确沟通

你怎么一写作业就这么多事情呢？

我们最好把写作业的时间控制在一个半小时之内，这样每天就可以多出一个小时去玩耍，你觉得怎么才能做到呢？

错误对话

· 不许去，快点坐下来给我写作业。

· 你怎么一写作业就这么多事情呢?

· 快点儿写，今天晚上又不知道要写到几点，你不会明天
又想迟到吧?

正确沟通

1. 表达感受: 我觉得你写作业时又是吃东西又是上厕所，
特别浪费时间，而且会分散你的精力，导致效率变低，写作业
的时间变长，这样就没有时间玩了。

2. 确定目标: 你肯定也不想一晚上都用来写作业，对不
对? 你也想有时间做自己想做的事，比如出去玩，是不是? 所
以我们最好把写作业的时间控制在一个半小时之内，这样每天
就可以多出一个小时去玩耍，你觉得怎么才能做到呢?

3. 讨论方法: 我建议你在写作业之前先做好准备，比如
先喝水、上厕所，准备好文具，避免总是要分神做这些事情。
然后我们制定一个时间表，规定几点到几点写作业，中间什么
时间段可以休息一会儿。你有什么更好的提议吗?

4. 鼓励执行: 在实践过程中，家长要及时肯定孩子的进
步，强化孩子的动力和信心，当孩子真正从行动中获益，他们

自然而然就会养成好习惯。

心理分析

大多数孩子在写作业时，都会有想要喝水、吃水果或上厕所的情况。此时，如果我们用命令或威胁的方式来与孩子沟通，往往会引发他们的逆反心理。我们希望孩子能够认真写作业，就要选择恰当的沟通方式来达到这个目标。

在孩子努力的过程中，我们要放下自己的期待，真正站在孩子的角度思考，协助他们达成目标。当然，目标的实现不是一蹴而就的，中间可能会出现反复，这很正常。毕竟，养成良好的学习习惯需要长期、持续的努力。

05

有效教学：当孩子学习困难时的沟通与辅导技巧

在辅导孩子做作业时，常常会出现这样的情况：明明已经反复讲解过的题目，孩子仍然会做错，这让家长感到非常恼火。在这种情况下，应该如何与孩子沟通呢？

❌ **错误对话**　　　　　　　　✅ **正确沟通**

我看你真的不是学习的料，这么简单的题都不会。

这个知识点是有点难懂，绕了好几步，妈妈再给你讲一遍。

·你怎么这么笨！我都讲了不下 10 遍，你每次都说会了，一做又错。

·我看你真的不是学习的料，这么简单的题都不会。

·你做这道题的时候，难道都不思考的吗？

正确沟通

1.表达理解：这个知识点是有点难懂，绕了好几步，妈妈再给你讲一遍。

2.引导复述：现在你来给妈妈讲一遍，把你的理解讲出来，如果你能讲明白，就代表真正理解了。

3.做题验证：你刚刚讲得很好，说明你理解了，现在再做一下这道题吧，看看会不会做，如果还是不会，我们就再学一遍。

4.及时复习：你明天可以再巩固一下这个知识点，直到完全掌握。

心理分析

用不满或责备的语气与孩子沟通，虽然当下可能让我们觉得痛快，但却会让孩子得出这样的结论："我又没做好，惹妈妈生气了，妈妈不支持我，我是个笨孩子。"

要坚信，孩子并不是不努力，而是认知发展尚未成熟，所以有些在我们看来简单的逻辑，对孩子来说却难以理解。对此我们不必焦虑，因为随着时间的推移，曾经困难的题目会变得简单。为了加深孩子的理解，我们可以鼓励他们把思考过程说出来。

请始终牢记，良好的亲子关系是建立信任的基础，它使我们得以成为孩子成长过程中的得力助手。

Chapter 10

过年回家与孩子
如何沟通

01

尊重意愿：当孩子不愿在亲戚 面前表演或透露成绩，如何沟通

　　回老家过年或是参加聚会的时候，亲戚朋友经常会要求孩子表演节目，唱歌跳舞等等，或是问孩子今年考得怎么样。当孩子不愿意表演节目或告知考试成绩时，父母应如何做？

❌ **错误对话**　　　　　　　　✔ **正确沟通**

·抓住机会锻炼一下自己，以后也要去表演的。

·快快快，不要害羞，大方点。

·他没考好，太丢人了。

正确沟通

1.提前沟通：今年过年回老家，很多长辈可能出于寒暄或对你的关心，会做一些你不是特别喜欢的事情，比如询问你的成绩，或者让你表演节目等。遇到这种情况，你打算怎么办呢?

2.独立做主：见到长辈打招呼是基本的礼貌，至于其他你不想做的事情，你可以礼貌地拒绝。愿不愿意告知你的成绩或者表演节目都取决于你，妈妈不会强迫你。如果别人强迫你，你也可以勇敢地表示拒绝。

3.勇于表达：你可以说"现在成绩都不公布了，我也不知道，谢谢你的关心"，或者"我现在不想表演节目，我觉得有点尴尬，可以吗"。

心理分析

孩子虽然年纪小，但也有自己的情绪感受。当孩子不愿过多地表达自己时，家长应避免直接指责，而是更多地考虑孩子的内心感受。

在某些事情可能发生之前，提前与孩子进行沟通是很有必要的。这不仅是对孩子的尊重，也是对他们的理解。有些事情孩子可能从未经历过，内心难免会有一些恐惧和不安。但随着经历丰富，他们会找到自己的解决方式。

每个孩子都是独一无二的，有些孩子善于表达，有些则不然，我们要深刻地意识到这一点，引导孩子学会勇敢地拒绝，因为拒绝也是一种有效的沟通方式。面对亲友的询问和要求不要害怕表达拒绝，但在拒绝的同时，一定要表达感激，肯定对方的关心和善意。

02

礼貌表达：当孩子总在成人交谈时插嘴，如何引导

家里有客人来访，孩子总是在大人交谈时插嘴，不是问作业怎么写，就是缠着家长陪他玩，让家长很不悦。这种情况下，家长应如何与孩子沟通？

❌ **错误对话**　　　　　　✅ **正确沟通**

错误对话

·你怎么这么烦人呀，总是打断妈妈说话。

·大人说话小孩不要插嘴，你去忙你自己的事情吧!

·你再这样我要生气了。

正确沟通

1.表达感受：妈妈正在跟好朋友聊天，你突然插话会让我觉得不太舒服，同时也会打断我们的思路，这种感觉你能理解吗？

2.解决问题：如果你对我们的聊天很感兴趣，可以坐在一旁静静地听，但不要插嘴；如果我们聊到一些比较私密的话题，我可能会请你避开，可以吗？如果你希望我们停止交谈来陪你玩耍，没问题，等我们聊完正事就来陪你，你可以等一会儿吗？

或者你现在可以去做一些自己想做的事情，比如去找你的朋友玩，或是去看一本喜欢的书；你还可以选择帮妈妈一个忙，去楼下取个快递。

心理分析

当孩子在成人谈话中插嘴，家长往往会直接指责孩子，认为他们是故意捣乱。然而，我们不能仅停留在表面，而应深入探究这背后的原因。孩子的每个行为背后都隐藏着他们的需求，我们应该先了解这些需求，有针对性地进行沟通。

孩子在成人谈话中插嘴的主要原因是好奇，以及想在外人面前展现自己。这是一种心理需求，我们不能忽视这种需求。在礼貌待客的前提下，可以让孩子适当在场，适当参与待客，满足他们的表现欲和表达欲，这也是一个锻炼他们社交技能的好机会。

除此之外，建议在家中多开展一些主题讨论，让孩子有充分的机会表达自己、展示自己。你也会发现，从孩子的视角看问题，往往会产生很多惊喜。

03

财务管理：如何引导孩子
合理管理与使用红包

每年过年，孩子都会收到一些红包。孩子在小的时候，对钱没有什么概念，这些红包也基本上由父母来管理。然而，随着孩子的成长，他们开始意识到这些钱是属于他们的，是应由自己支配的。但当孩子提出要自己管理红包的时候，家长可能会担心孩子乱花钱。在这种情况下，家长应如何与孩子沟通？

❌ **错误对话**　　　　　✅ **正确沟通**

你现在还小，对钱没有概念，你自己花钱也没计划，还是妈妈来给你管理会更好。

既然红包代表着祝福，那这个钱就不能乱花，我们来讨论一下应该如何用这笔钱吧。

错误对话

· 你自己管理，弄丢了怎么办呢？

· 你现在还小，对钱没有概念，你自己花钱也没计划，还是妈妈来给你管理会更好。

· 你的钱就是妈妈的钱，你需要花钱的时候找妈妈要。

正确沟通

1. 红包的意义：长辈给你发红包是在表达对你的祝福，希望你能更好地成长，学习进步，身体健康。我们在收到红包后，也要向长辈表示感谢。

2. 共同讨论：既然红包代表着祝福，那这个钱就不能乱花，我们来讨论一下应该如何用这笔钱吧。我建议拿出 30% 的钱来回馈长辈，比如给他们准备一份礼物。

另外 30% 的钱由你自由支配，你可以制订一个计划，比如每个月花多少，每周花多少。最后 40% 的钱要存起来，以备不时之需，你觉得如何？如果你有更好的建议，也可以提出来，我们一起讨论。

3. 存钱的好处：你可以想象一下，等你 18 岁的时候，手上已经有了一笔可观的资金可以自由支配，这是一件多么开心的事情，想想你会拿这笔钱做什么呢？

4. 记录开销：我们现在已经做好了一份完整的红包管理方案，你可以制作一个表格，记录钱的去向，以便随时调整支出决策。

5. 及时鼓励：在孩子管理红包的过程中，一定有许多值得称赞的地方。我们要及时肯定孩子表现出色的方面，比如认真做记录、控制开支等等。

心理分析

对于金钱这种重要的社会资源，是否应该让孩子从小就了解其概念？一些家长可能会表示反对，认为过早对孩子进行金钱教育可能过于功利化，导致孩子将一切都与金钱挂钩。另一些家长则持相反观点，主张应从小培养孩子赚钱和管钱的能力。

在我看来，若孩子有机会接触金钱，对其进行金钱教育至关重要。这不仅有助于孩子树立正确的消费观、理财观和价值观，避免长大后因过度消费而陷入困境，还能培养其自我管理能力，提高他们的独立思考能力和决策能力，从而使其更好地适应社会。

04

社交礼仪：如何帮助孩子克服与亲戚打招呼的难题

过年回老家，家里来了很多亲戚，但孩子却不愿意跟亲戚打招呼，这让家长觉得很尴尬。在这种情况下，家长应如何跟孩子沟通？

❌ 错误对话　　　　　　　**✔ 正确沟通**

· 你怎么这么没有礼貌，这么胆小！

· 快喊人，喊人就有红包拿。

· 这孩子怎么这么不懂事，都多大了？

正确沟通

1. 提前沟通：今年过年回老家，我们和亲戚们会互相拜访。可能会有一些之前不经常见面的亲戚，按照传统礼仪，我们需要主动向长辈问好，就像在学校里看到老师和校长，我们要问好一样。

2. 表达理解：妈妈知道你不是个不懂礼貌的孩子，只是在不熟悉的人面前会有点害羞，不敢主动说话，妈妈很理解你，因为妈妈小时候也是这样的。

3. 提前演练：但是遇到长辈，无论如何一言不发甚至躲起来都是不合适的，你可以简单地说一句"叔叔阿姨好"就行了，妈妈可以给你演示一遍。如果你实在不想说话，就微笑着挥挥手表示欢迎，你觉得如何？

心理分析

有些家长会因为孩子不主动跟长辈打招呼而生气，并给孩子贴上"没礼貌""内向胆小"的标签。这样做不仅解决不了问题，反而会给孩子造成负面的心理暗示。很多时候孩子不愿意打招呼并不是因为这些，而是因为对陌生人感到焦虑，或者还没有学会如何与陌生人交流。沉默回避本身也是一种自我保护机制。

在这种情况下，作为父母，要尊重爱护孩子，不仅自己不能给孩子贴标签，还要拒绝别人给孩子贴标签。此外，可以提前指导孩子如何跟长辈打招呼，并通过亲身示范来影响孩子。

每个孩子都是独特的，外向不代表更好，内向也不代表不好。家长应当学会放下自己的面子，站在孩子的角度真正帮助他们解决困境。

Chapter 11

鼓励孩子时怎么说

01

**勇敢起步：支持孩子第一次
尝试做饭的勇气**

6 岁的孩子兴致勃勃地表示想去厨房做菜，作为家长，你
应该如何与他沟通呢？

❌ 错误对话　　　　　　　　　**✅ 正确沟通**

· 你太小了，现在还做不了，长大了再做吧。

· 你不要捣乱了，自己去玩吧。

· 你去看书做作业吧，那才是你的正事。

正确沟通

1.给予肯定：哇，今天我要吃到自己宝宝做的菜了，我觉得好开心，你准备做什么菜给我们吃呢？

2.询问步骤：你说做土豆丝，你打算怎么做呢？在做菜之前、做菜过程中以及做菜之后，都要做哪些事呢？

3.传授方法：把做菜的步骤详细讲解一遍。

4.现场指导：在保证安全的前提下，指导孩子一步一步地参与，让孩子一边回忆流程一边操作，对孩子做得好的地方及时提出表扬。

5.进行总结：事后，让孩子把今天做菜的步骤复述一遍，也可以写下来或写成作文。

心理分析

让孩子做家务，不仅是为了给父母减轻负担，也是在培养他们多项重要的能力。比如为了做好一道菜，我们不仅要计划步骤、规划时间，还要进行总结，这些都有助于锻炼孩子的能力，最重要的是，有助于孩子养成从想到做的习惯。一个有想法，并且能把想法付诸行动的孩子，未来更可能取得成功。

02

小步快跑：逐步教会孩子扣扣子的技巧

　　两岁多的孩子模仿大人穿衣服，穿了半天也没有穿上，着急大哭了起来。作为家长，你如何与孩子沟通？

❌ **错误对话**　　　　　✅ **正确沟通**

错误对话

· 妈妈帮你穿吧，等你长大就会自己穿了。

· 你怎么这么笨！扣子都不会扣。

· 一个一个地来，不要着急。

正确沟通

1. 肯定孩子：今天宝宝想自己穿衣服，想要自己的事情自己完成，妈妈要给你一个大大的赞。

2. 做出示范：但是穿衣服也是需要学习的，现在妈妈教你扣扣子，跟着妈妈学好吗？

3. 分步指导：我们可以把扣扣子分成三步，每一步只需完成一个小小的动作，就这样一步一步地，扣子就扣好了。

4. 及时鼓励：每当孩子完成一个小小的动作，就及时给予肯定，让孩子意识到自己在不断进步，很快就会成功。

心理分析

孩子小时候很渴望模仿成人的行为，这种模仿学习是他们重要的成长基础。但由于能力的限制，他们很难一下子独立完成一些事情，并会因此感到焦虑和着急。在这种情况下，我们要帮助他们将大任务拆解成多个小任务，并指导他们完成一个个小的任务。

　　超级分解的思维对于成功非常重要。当我们将一个庞大的目标分解为许多小目标时，我们会发现事情瞬间变得简单了。这也是我们应该教给孩子的一种重要思维方式。当孩子养成这种思维习惯，懂得将问题逐步分解并各个击破，再大的挑战他们也能够轻松应对。

03

贴正标签：肯定孩子解决问题的天赋与能力

孩子依赖性较强，一遇到问题就喊妈妈帮忙，从不主动尝试解决问题，这让家长感到很苦恼，他们希望孩子能够独立一些。在这种情况下，应如何与孩子沟通呢？

❌ **错误对话**　　　　　　　　✔ **正确沟通**

错误对话

· 你自己的事情自己解决，不要所有的事都找妈妈。

· 一天被你喊 800 遍妈妈，我头都痛了。

· 这个问题这么简单你都不会，真笨。

正确沟通

1. 玩个游戏：今天我们要玩一个游戏，这个游戏叫"谁的办法多"，谁要玩请举手？

2. 出个题目：如果一只乌龟掉进了水缸，怎样才能把它救出来呢？看看谁的办法多。

3. 天马行空想办法：在水缸里装一个电梯；把水缸打破；放进去一根竹竿让乌龟顺着爬上来；用脸盆把它捞起来……还有吗？现在已经有 10 个办法了，看谁能想出第 11 个办法。

4. 贴正标签：哇，你这个办法真的很独特，你想出了这么多办法，你真是一个解决问题的小天才。

5. 重复游戏：反复进行类似的游戏，并在过程中持续肯定孩子，逐渐将生活中的具体问题融入其中，鼓励孩子自行寻找解决方案，直至其养成独立解决问题的习惯。这样，在面对新问题时，孩子的第一反应将不再是求助父母，而是思考采取何种方法来解决。

心理分析

　　孩子的依赖性强，通常是因为对自己的能力不信任，觉得无法胜任或完成某项任务。作为家长，我们要为孩子提供相应的练习机会，帮助孩子发展能力，让孩子在练习中体验到"我能行""我有很多办法"。在孩子做到后我们要迅速为他们贴上一个积极的标签，鼓励他们将标签继续转化为行为，直到这些行为成为他们大脑中的条件反射，也就是我们所说的习惯。标签与行为之间的正向关联，会让孩子逐渐建立和增强自信。

　　在解决问题的过程中，无论孩子的想法多么天马行空，我们都不要予以打击、否定，而是要不断地给予肯定与鼓励，让其更有信心和勇气去探索发现，并从中体验到更多的成就感。这也是一个逐步放手让孩子独立成长的过程。

04

主动社交：引导孩子成为
交朋友的小能手

孩子很内向，不愿意主动跟小朋友交流，甚至需要妈妈的帮助才能与他们一起玩耍。在这种情况下，如何鼓励孩子改变自己的认知，成为一个会交朋友的人呢？

❌ 错误对话

✅ 正确沟通

错误对话

· 你怎么这么胆小呀！我真不该带你出来。

· 谁想来和你做朋友，谁会主动来找你的，等着就行。

· 你这样以后都没有朋友，那可怎么办？

正确沟通

1. 认同接纳：有的小朋友喜欢交很多朋友，有的小朋友不喜欢交很多朋友，这没有什么对错之分。如果你想多交点朋友的话，或许妈妈可以帮你。

2. 强调优点：你有很多优点，比如安静、专注，而且能够独立完成很多事情。你还特别关心他人，比如上次妈妈下班回家，你立刻给我拿来了拖鞋，还倒了水。你有这么多优点，肯定能交到谈得来的好朋友。我们一起想办法实现这个目标。

3. 具体行动：今天我们要做的练习是走到你想认识的小朋友面前，拉拉他的手说"我们可以做好朋友吗？"只要完成这两步，你就取得了很大的进步。

4. 在家练习：你现在可以试着走到妈妈面前说"我可以跟你交朋友吗"，妈妈先给你示范一遍。

5. 鼓励肯定：几乎可以肯定，只要孩子说出这句话，一定会有小朋友愿意和他做朋友。在孩子交到朋友后，一定要强调这个事实：今天上午你交到了新朋友，你的进步特别大，真的很了不起！

心理分析

如果我们觉得孩子内向、胆小、不敢交朋友，希望他们能更勇敢一些，可以通过有意识的训练和不断的鼓励来对他们进行行为塑造，从而使孩子建立自信，改变对自己的看法。

在刻意练习的过程中，我们需要对目标行为进行分解，在孩子做到后及时进行鼓励，以形成正向反馈。需要注意的是，如何分解目标行为应根据孩子的具体情况来定，而不是根据家长的标准。

正向的自我认知会带来积极的能量，而负面的自我认知可能引发消极的能量，导致孩子焦虑退缩。大多数孩子还不能完全无视他人的看法，因此帮助孩子建立积极的自我认知是家长的重要责任。

Chapter 12

如何与孩子讨论钱

01

物权意识：孩子偷了家里 1000 元钱，如何沟通

孩子偷拿了家里 1000 元钱，被父母发现后还不以为意。家长既生气又困惑：难道我的孩子是个坏孩子吗？在这种情况下，家长应如何处理？

❌ 错误对话　　　　　　**✔ 正确沟通**

错误对话

· 你怎么能偷钱呢？你没救了，你坏透了。

· 气死我了，平时给了你那么多零花钱，要是不够花你可以跟我说呀！

· 下次再发现你偷钱，我就报警，让警察叔叔把你抓走。

正确沟通

1.客观看待：很多孩子都偷拿过家里的钱，即使是那些很优秀、很听话的孩子也不例外。这背后是对所有权概念的模糊，认为家里的东西就是自己的，不算偷。所以这不是成年人意义上的"偷盗"，不能因此认为孩子品行不端。

2.了解动机：孩子可能有合理的消费需求，但害怕父母不同意；或者遇到了困难需要用钱，羞于向父母开口，就选择了偷拿家里的钱。如果是这些情况，家长可以提供适当的经济支持。

3.正确引导：培养孩子的物权意识，告诉孩子家庭的财产属于全家共有，而不是个人所有；制定家庭规则，明确规定哪些物品是可以共享的，哪些是私人的。比如，"每个物品都有它特定的所有者，这个钱是爸爸妈妈挣的，也是属于爸爸妈妈的，如果你要用，要经过爸爸妈妈的同意。"

4. 补偿后果：让孩子意识到自己的行为是错误的，甚至有可能违法，并引导他们承担责任。比如归还所偷走的钱、向父母道歉。

心理分析

在孩子的成长过程中，偷拿家中财物的行为是相当普遍的。家长不必过度惊慌，因为很多时候，由于物权意识模糊，孩子意识不到自己的行为是错误的。在这种情况下，责骂不仅解决不了问题，反而会伤害孩子的自尊心。

相反，父母应先冷静与孩子沟通，了解孩子的真实想法，包括行为的动机和对这种行为的看法，从中发现他们的错误观念并及时纠正，为他们的成长护航。

02

7岁的孩子从超市偷拿了两块巧克力，回家后被家长发现了。家长既愤怒又失望，想不通平时表现良好的孩子为何会做出这种行为。在这种情况下，家长应如何与孩子沟通？

✕ 错误对话　　　　　　　　　**✓ 正确沟通**

简直气死我了，你看我怎么揍你。

你要去向超市老板说明情况，争取得到他的谅解，并把巧克力的钱付给他。妈妈可以陪你一起去。

·快走，别被人发现了？

·超市里都有监控的，你这样做被人发现了，等会儿超市的老板就会报警，警察就会过来抓你了。

·简直气死我了，你看我怎么揍你。

正确沟通

1.了解原因：妈妈想知道你是怎么想的，没有付钱就把超市里的巧克力拿回来了。你做这件事时有没有觉得不对？

2.说明后果：巧克力是超市的，你没有付钱就把东西拿走，严格意义上说这种行为是违法的，超市老板是可以报警的。你可能不仅要赔偿，还会被警察带走。

3.解决问题：你要去向超市老板说明情况，争取得到他的谅解，并把巧克力的钱付给他。妈妈可以陪你一起去。

4.强调底线：如果再有下次，就算超市老板不追究，妈妈也会报警的。不是妈妈不爱你，而是这种行为绝对不能被允许。你能不能答应妈妈，再也不这样做了？

心理分析

当孩子在成长过程中做出一些"出格"的事时，家长要有这样一种意识，即这些行为不完全是品行问题，还与孩子的道德发展不成熟有关，因此不用过于焦虑。但也不能因为觉得"孩子还小"就不以为意，要将可能的后果明确告知孩子，确保他们具备基本的法律意识，了解行为的底线。

在与孩子沟通时，语气要温和，但态度要坚决，确保孩子认识到问题的严重性，做出不会再犯的承诺。除此之外，我们还要引导孩子勇于承担责任，向受损方进行赔偿和道歉，培养孩子知错就改的品质。

03

理财规划：孩子想购买昂贵的游戏机，如何沟通

　　孩子看到好朋友买了一台很好玩的游戏机，也闹着让家长买。但游戏机价格昂贵，要 3000 元，这让家长非常恼火。在这种情况下，家长应如何与孩子沟通？

✖ 错误对话　　　　　　　　**✔ 正确沟通**

错误对话

· 一天到晚就知道玩，也没见你学习这么起劲。

· 不行！不可以！不买！

· 你下次考了第一名，妈妈就给你买。

正确沟通

1.答应孩子：这个游戏机很好玩，但是太贵了，我们的家庭预算中没有这笔钱，如果你实在想要，需要自己想办法。

2.讨论方式：你可以少买点零食或玩具，把每个月的零花钱省下一部分，看看多久能攒够钱；你也可以整理出一些闲置物品，比如旧书、旧玩具等，妈妈帮你发布在二手网站上售卖；你还有其他的办法吗？

3.兑现承诺：如果孩子真的攒够了3000元，一定要允许他购买玩具。同时要告诉他，这是他通过自身努力所获得的回报，未来想要任何东西都要通过自己的努力去争取。

心理分析

面对孩子过高的要求，如果家长直接拒绝，孩子会产生误解，认为家长不理解他，不希望他快乐，从而导致亲子关系紧张。相反，如果家长改变沟通方式，引导孩子通过自己的努力和付出来获得回报，那不仅能够满足孩子的愿望，还能够促进孩子的成长，让孩子学会自力更生。

04

体验工作：孩子觉得父母挣钱很容易，如何沟通

现在有些孩子总认为父母挣钱很容易，甚至认为钱不是父母辛苦挣来的，而是"手机里就有"的。这导致他们花钱大手大脚、没有节制。在这种情况下，父母应如何进行沟通？

❌ 错误对话

✔ 正确沟通

错误对话

·挣钱很辛苦的，我这么辛苦都是为了你。

·你上学比妈妈上班轻松多了。

·学习就是为了赚钱，你现在好好学习，长大后才能挣更多的钱。

正确沟通

1.量入为出：父母都想给孩子提供最好的条件，但也要量入为出，可以考虑把家庭的收入情况告诉孩子，让孩子在花钱时心中有数。

2.参与工作：有条件的话，可以让孩子参与父母的工作，帮忙做一些力所能及的事情。"钱并不是轻易获得的，而是要通过努力工作才能获得的，你可以试着帮我打些字，体验一下哦！"

3.金钱教育：向孩子公开家庭的收支情况，与孩子共同制定家庭的财务预算，让孩子意识到金钱并非易得之物，是父母通过辛勤工作得来的；家庭的支出是方方面面的，要合理支配金钱。除此之外，也要让孩子明白，金钱是我们实现目标和梦想的一种资源，并非生活的全部。

心理分析

　　孩子对金钱和挣钱能力的认知是逐渐形成的。大多数孩子没有目睹父母工作的辛劳，因此对"挣钱"的过程没有清晰的认知。为了表达对孩子的爱，许多父母会尽力满足孩子的要求，有些要求甚至超出了自己的承受能力。这可能给孩子造成一种错觉——家里很富裕，从而养成乱花钱的坏习惯。一旦父母试图改变这种行为模式，孩子就会心生不满，导致亲子关系紧张。

　　因此，我们需要明确告诉孩子，家庭财富来之不易，是父母通过不断学习、提高能力、努力工作才获得的，需要合理分配使用；孩子在长大后，也需要通过努力工作来回馈家庭，共同经营家庭。

05

戒掉攀比：孩子羡慕同学家的大别墅，如何沟通

在成长过程中，孩子有时会出现攀比心理，跟同学比穿衣打扮，比谁家里有钱。当孩子问父母："为什么同学家有大别墅，而我们家没有"，父母应如何作答？

❌ **错误对话**　　　　　　✅ **正确沟通**

· 我也想住大房子，以后就靠你了。

· 你真是一个嫌贫爱富的孩子。

· 有你这样的孩子太倒霉了，我们又没有缺你吃，缺你穿。

正确沟通

1. 了解情况：我们家没有大别墅，你心里是怎么想的呢？会觉得难过吗？

2. 如实告知：我们家目前的经济情况还买不起大别墅，但我们现在的条件也是可以满足我们的需求的，同学家的别墅也是他的父母通过努力工作得到的。爸爸妈妈也在努力工作，但是每个人的能力有大有小，每个行业的收益也是不同的，所以收入肯定会有一些差异。

3. 分析现状：比起很多人，我们已经很幸福了，不是吗？我们要对现在所拥有的一切心怀感恩。要知道永远会有人比你更优秀，我们不能总拿自己的不足去比别人的长处，而要跟昨天的自己比，只要今天比昨天进步了，未来就会充满希望。

4. 激励孩子：尽管我们的人生价值和意义并不局限于物质享受，但要实现任何梦想和目标，都要依靠自身的努力。父母所拥有的属于我们自己，未来你可以通过努力，来过上自己想要的生活。

心理分析

在回答过程中，我们要实事求是，传递正确的价值观，引导孩子正确看待物质和努力的关系，树立正确的价值取向。这样孩子才能健康成长，更加独立、自信地面对生活和未来。

06

探索梦想：当孩子想和你
谈谈钱的问题，如何沟通

　　当孩子跟我们谈论钱时，我们可能会因为觉得他们还小而不愿意探讨这个话题。但事实上，这是一个很好的深入了解孩子的机会，可以从"如果你有很多钱，你准备怎么花？"这个问题入手，引导孩子敞开心扉。

❌ **错误对话**　　　　　　　　✅ **正确沟通**

错误对话

· 等你长大了，赚到了钱，我们再讨论怎么花钱。

· 现阶段你还是应该多关注学习，不要操心这些与学习无关的事情，以免分心。

· 赚钱是大人的事情，小孩子不需要知道，也不需要操心。

正确沟通

1. 倾听孩子：如果你有很多钱，你准备怎么花？对于这个问题，不同年龄段的孩子答案也不同。他们可能会说："我想要很多好吃的""我想买很多很多玩具""我想买一个大大的房子"，也可能会说："我想买个火箭开上天""我要把一半的钱送给妈妈""多余的钱，我想拿来帮助需要帮助的人"……无论答案是什么，都是孩子大脑中的真实想法，是他们的梦想。我们要报以理解和尊重。

2. 进行追问：如果这些都实现了，你还有哪些梦想？假如你现在只有 100 元钱，你刚刚说的梦想，哪些可以实现，哪些不能实现？拥有很多钱，拥有很多好吃的和玩具，还有很大的房子，是不是就能永远开心快乐？人为什么要活着呢，活着的意义是什么？

可以就这些问题依次向孩子提问，并在孩子回答完之后与他进行深入探讨。这个过程能够有效地帮助孩子梳理自己的想法，对自己的理想、价值观和信念形成清晰的认识；也能够帮助父母更好地了解孩子，拉近亲子之间的距离。

心理分析

当孩子渴望与我们讨论有关金钱的话题时，我们不能因为觉得孩子太小而拒绝他。实际上，孩子对金钱的看法反映了他们的人生理想和价值观。

我们可以从谈论如何花钱开始，了解孩子对金钱的认知，了解他们的梦想、心性和目标等。并不需要追求某个固定的答案，因为孩子的人生与我们不同。然而，如果孩子的认知或价值观有明显偏差，我们也要及时引导，及时纠正。

通过这样的方式，让孩子树立正确的金钱观，并确立人生目标和理想，这才是最关键的。

07

陪同接听：当孩子不希望你挂掉推销电话，如何沟通

一天，家长接到了一个推销电话，态度冷漠地说了一句"不需要"，就挂断了电话。孩子便说："妈妈，你这样挂掉别人的电话，别人会很伤心的。"在这种情况下，家长应该如何应对呢？

❌ 错误对话

> 这些信息都没有用，你好好学习，别的事不用管。

✅ 正确沟通

> 现在你来接电话，注意不要透露家庭住址和其他家庭情况。妈妈听听你会怎么说？

· 推销的都是骗子。

· 这些信息都没有用，你好好学习，别的事不用管。

· 不知道说什么时，拒绝就好啦。

正确沟通

1. 解释原因：你说的也有道理，但是如果妈妈不挂断电话，他们就还会打来，我们不需要他们推销的东西，妈妈也没有时间总接推销电话，你说该怎么办？

2. 提出建议：如果你愿意，妈妈可以让你来接听电话，因为推销电话也是一种获取信息的渠道，如果我们想了解一个行业，与销售人员沟通是最方便和快捷的方法。

3. 确定目标：你可以先试想一下，如果是房产中介的电话，你打算从中获得什么有用的信息？比如可以问问我们现在居住的小区房屋单价是多少，你可以准备一个问题清单。

4. 陪同接听：现在你来接电话，注意不要透露家庭住址和其他家庭情况。妈妈听听你会怎么说？

心理分析

首先，当孩子对家长的行为有疑问时，我们都可以这么做：让孩子自己来做这件事。

其次，孩子总是对新鲜事物充满好奇，接听推销电话是一个非常好的接触新鲜事物的机会。家长也不必过于担心，觉得孩子过早接触社会会有什么危险，只需要与孩子沟通好注意事项，并确保孩子在可监督的范围内行事即可。

可以帮孩子确定一个小目标，比如获得哪些信息，让孩子通过与推销人员的交流来实现这个目标。这个过程不仅能够让孩子获得信息、增进知识，还有助于孩子学会提问的技巧。

Chapter 13

如何与孩子谈论婚姻与家庭

01

爱的传承：当孩子问"你们为什么要生下我"，如何回答

稍大一些的孩子可能会反复问父母一个问题："你们为什么要生下我？"面对这个问题，父母应如何作答？

错误对话

· 怀孕了就生下来了。

· 你是我们在垃圾桶捡的。

· 结了婚自然就要生孩子。

正确沟通

1. 了解情况：你为什么要问这个问题呢？是好奇，还是有其他原因呢？

2. 如实告知：爸爸和妈妈结婚后就有了你。得知你的到来，我们都非常开心。从你出生时的喜悦到抚养过程中的忙碌，再到你上幼儿园、小学，我们见证了你每一步的成长和进步，这让我们非常欣喜。当然，你调皮捣蛋时，我们也会感到苦恼。

3. 相亲相爱：要说为什么要生下你，我觉得是因为我们希望在这个世界上有一个人，我们陪伴他长大，然后和他互相扶持、相互依靠。每个人都会感到孤单，家人就是我们最温暖的港湾。你小的时候，我们陪伴你长大；等你长大后，我们互相扶持，共享欢乐，共担风雨。

4. 感恩孩子：在养育你的过程中，我发现了自己的很多不足，这促使我不断努力提升自己，成为一个更好的人。你就像一面镜子，让妈妈得以更清晰地认识自己。在这一点上，妈妈要真心感谢你。

心理分析

有些孩子问父母这个问题是出于好奇，而有些孩子则可能是因为最近情绪低落。因此，在与孩子沟通时，首先要了解他们提问的动机。

无论是哪种情况，我们都要认真回答，不能敷衍搪塞。这是一个很好的表达爱的机会。真诚地告诉孩子，他的出现让父母的生活变得多姿多彩，也让父母在养育过程中实现成长，成为更好的人。

通常情况下，我们总在强调父母对孩子的付出，强调父母的牺牲，倡导孩子要感恩，却没有意识到，在养育孩子的过程中，我们自己也是受益人。孩子给我们的回报，也是我们应当感恩的。

感恩孩子，让孩子意识到自己对父母的价值，不仅能增进亲子感情，更能让孩子通过模仿，学会正确感恩的方式。

02

美好情感：当孩子说喜欢班里的一个女生，如何沟通

小学高年级的孩子回家说："妈妈我好喜欢我们班的女同学××。"作为家长，你如何回应？

❌ 错误对话　　　　　　　✅ 正确沟通

错误对话

· 人家学习这么好，你学习这么差，你还好意思喜欢人家。

· 你现在的任务是专心学习，别整天想这些乱七八糟的。

· 作业写了吗？快点儿去写作业。

正确沟通

1. 表达认同：我也很喜欢她，她不仅长得好看，学习也好，你挺有眼光的。

2. 询问原因：你为什么喜欢她呢？你觉得她的什么优点吸引了你？是成绩好，还是性格好？

3. 明确界限：就算你喜欢她，也要尊重对方的意愿。

4. 探讨婚姻：你们这个年龄的情感很美好，这种喜欢是对美好事物纯粹的欣赏。对异性的喜欢是我们建立婚姻的第一步。妈妈想跟你谈一个很重要的话题。将来你会遇到一个与你共度一生的女孩，除了外表，我们更应该注重她的品德、价值观和能力。但最关键的是，你必须让自己变得优秀，这样才会有更优秀的人与你相配。将来要想与心仪的女孩组建家庭，你首先要有养家的能力，要担负起家庭的责任。

5. 提供帮助：你有任何这方面的困惑，都可以来找妈妈探讨。

心理分析

　　对异性产生好感是孩子成长发育到一定阶段的正常心理，但这种好感并不是爱情，而只是一种对美好事物的欣赏。家长绝不能因此批评、责骂孩子；相反，可以借机与孩子探讨婚姻与爱情的真谛，帮助孩子树立正确的恋爱观和婚姻观，将这种"喜欢"转化成努力学习、不断进步的动力。

03

父母角色：当孩子问"为什么有的父母会伤害孩子"，如何回答

　　我们一直向孩子强调父母很爱他们，但有时却忍不住对他们大喊大叫，甚至体罚他们，再加上新闻报道中不时出现有关父母伤害孩子的事件，让孩子不禁产生疑惑：为什么父母嘴上说着爱孩子，行为却与之相反？在这种情况下，作为家长，你如何与孩子进行沟通呢？

<table>
<tr><td>❌ 错误对话</td><td>✅ 正确沟通</td></tr>
</table>

·瞎想什么，孩子就得都听父母的。

·都是孩子太气人了，一点儿也不理解父母。

·不是所有的父母都是好人，遇到我们这样的父母就知足吧。

正确沟通

1.理解父母：父母严厉责骂甚至体罚孩子，通常不是因为不爱孩子，而是因为孩子犯了很严重的错误，或者屡教不改，父母暂时找不到更好的方法来教育孩子，但又要让孩子意识到问题的严重性。当然，还有一些情况，孩子并没有做错什么，单纯就是父母在发泄不满。我们必须承认，并非所有的父母都是合格的、负责任的，他们可能内心是爱孩子的，但由于心理、情绪不够成熟，再加上工作和生活的压力，他们对孩子没有足够的耐心，很容易向孩子发泄自己的情绪。这样做是不对的，父母应该意识到并改正这一点。

2.父母角色：父母这个角色有五个层次，分别是生、养、育、爱、传。生就是十月怀胎，把孩子生出来；养就是为孩子提供基本的吃穿住行；育是教孩子做人做事，让孩子树立正确的价值观，学会正确的行为方式；爱就是父母情绪稳定，耐心细致对待孩子、理解孩子，能做到这一点，就是很棒的父母了；传就是父母以身作则，形成良好的家风，让家庭中好的观念、好的家庭氛围、好的行为习惯得以传承，这是父母养育孩子的终极追求，我们在努力做到这一点。

3. 共同成长：父母也是第一次当家长，也在不断学习如何养育孩子。如果你觉得父母做的什么是你不能理解、不能接受的，可以及时告诉我们，我们一起沟通解决。你觉得如何？

心理分析

作为父母，如果我们对孩子有足够的爱和耐心，即使偶尔与孩子发生冲突，甚至打骂孩子，也不必过度自责。我们也是第一次做父母，也在不断学习如何更好地教育孩子。

当面对孩子的不理解——"你凭什么打我"，父母要平静地反思：我究竟是真的为孩子好，还是在发泄自己的情绪？如果是为了孩子好，就耐心地解释原因；如果单纯是自己情绪失控，就诚恳地向孩子道歉，并在日后的生活中多反思、控制自己的情绪，避免再次伤害孩子。

Chapter 14

一些有关日常行为的沟通

01

强调责任：孩子想养猫但家庭条件不允许，如何沟通

孩子提出想养一只猫，但你们的家庭条件不允许。作为家长，你如何与孩子沟通？

❌ 错误对话	✔ 正确沟通

错误对话

·不行，你肯定过段时间就不想养了，上次给你买的小乌龟你就不管了。

·你现在学习这么差，还有心思养宠物！

·养宠物很麻烦，又花钱又花时间，等你以后长大了再养。

正确沟通

1.倾听孩子：能告诉妈妈你为什么想养猫吗？是觉得太孤单，想有个伴，还是对猫感兴趣，想了解猫的习性？还是有别的什么原因？

2.解释原因：妈妈理解你的想法，但我们家里的条件不适合养猫，我们的房子太小了，爸爸妈妈工作都很忙，你学习也很辛苦，我们没有足够的精力和时间来照它，这对小猫的健康和幸福都是不利的。

3.强调责任：养猫需要投入大量时间、精力和金钱，而且这种责任是长期的，需要全家共同承担。总之养猫不是一件心血来潮想做就做的事情。

4.替代方案：你喜欢小猫，妈妈可以带你参加动物保护组织的志愿活动，也可以带你去有小猫的亲戚朋友家做客，或者代他们照顾一段时间的小猫，你觉得如何？

心理分析

即使不答应孩子的请求，我们也不要站在孩子的对立面，而是应耐心倾听孩子，让孩子感受到自己的需求被看见，自己的感受被尊重、被接纳，这样一来，很多沟通就变得容易得多。

除此之外，也要说明拒绝孩子的原因，动之以情，晓之以理，并寻找可行的替代方案。要知道很多时候，对孩子的爱和尊重就体现在这些细节里。

02

生命教育：如何以孩子能理解的方式谈论家人的去世

由于突发性疾病，孩子的外公过世了。孩子与外公很亲近，因此家长不知道要怎么跟孩子解释。当亲人离世，作为家长，如何让孩子正确理解死亡，并帮助他处理哀伤呢？

❌ 错误对话   ✔ 正确沟通

· 外公走了，以后我们都见不到他了。

· 长大以后，你就会明白是怎么回事了。

· 小孩子不懂事，跟你说你也不明白。

正确沟通

1. 谈论死亡：每个生命都有终结的时刻，无论是动物、植物还是昆虫。每个人来到这个世界都带着一定的能量，当能量耗尽，他们就会离开这个世界。

有的人死亡是因为衰老或疾病，有的人是因为灾难或意外事故，有的人是为保家卫国付出了生命，我们要思考的是，从出生到死亡，我们能给身边的人带来什么，留下什么。

2. 传承品德：虽然外公离开了我们，但是他身上的很多优良品质一直影响着妈妈，妈妈也在以外公为榜样，践行这些优良品质，包括勤奋、善良和为他人着想。

妈妈希望你将来也能够继承这些品质，这样从某种意义上说，虽然外公离开了，但他仍然和我们在一起。

3. 珍爱生命：我们要珍爱自己的生命，爱惜身体，合理饮食，加强锻炼，不做危险的事情。除此之外，如果有人伤害你，一定要告诉妈妈。无论发生什么，父母都会跟你在一起。

4. 告别仪式：我们好好跟外公告个别。妈妈选择给外公写一封信，你可以画一幅画或者用其他方式进行。外公希望我们过得开心和幸福，我们就好好生活，满足他的心愿。

心理分析

小学阶段的孩子对死亡是有一定认识的。在这个阶段，我们应该明确告诉他们，死亡就像春生夏长、秋收冬藏一样，是自然界中的正常现象。动植物和人类都会经历固定的生命周期。要以温和平静的语气与孩子沟通，引导他们思考如何让自己的生命更有意义和价值。

如果孩子特别悲伤，我们要用心陪伴他们渡过这一难关。孩子也可能会表达对父母的担心，问"如果爸爸妈妈也去世了怎么办"。在这种情况下，我们要耐心安抚他们的情绪，告诉他们爸爸妈妈还会陪伴他们很久，他们将来也会有自己的家人、朋友和工作，这些都将成为他们人生的重要支柱。

03

替代方案：如何引导孩子远离刀片、打火机等危险物品

在成长过程中，孩子有时会尝试玩一些危险物品，比如刀片、打火机等，这让家长感到很担忧。在这种情况下，应如何跟孩子沟通呢？

❌ **错误对话**　　　　　　　　　✔ **正确沟通**

错误对话

· 不要玩了，你难道是想作死吗？

· 说了多少遍，不能玩危险的东西，再玩妈妈就生气了。

· 快放下！不能玩！

正确沟通

1. 了解情况：你为什么想玩这些东西呢，它们哪里好玩？

2. 解释危害：妈妈也觉得这样玩刀片和打火机很有趣，但是这些东西很危险，妈妈担心你会受伤。像打火机还可能会造成更严重的后果，可能一不小心就把房子甚至整个楼都点着了，所以不要随便玩它们。

3. 替代方案：如果你实在想玩，我们可以看看有没有什么替代方案。你喜欢用刀片裁纸玩，妈妈可以给你买一把儿童剪刀，不仅可以裁纸，还可以剪纸，你觉得怎么样？

4. 当面收起：这些危险的东西妈妈先收起来，以后没有爸爸妈妈的允许，不要再玩它们，好吗？

心理分析

当我们以威胁、命令或反问等方式与孩子交流时，虽然我们想表达的是爱和关心，但孩子感受到的却是：我什么都做不好，妈妈不喜欢我，妈妈在批评我。相反，当我们以接纳的心态表达自己的感受，以共同解决问题的方式与孩子沟通，孩子会因为被理解而感到高兴。这种良好的亲子互动不仅能够有效避免亲子间的对立，还有助于孩子养成良好的问题解决习惯。

04

角色互换：如何引导孩子
改掉说脏话、骂人的坏行为

孩子一不开心就喜欢说脏话或骂人，家长多次告诫都没用，深感困扰。在这种情况下，家长如何与孩子沟通呢？

错误对话

· 再说脏话，打你的嘴。

· 你再骂人，以后就没人愿意跟你做朋友了。

· 你再这样的话，妈妈就不要你了。

正确沟通

1.冷静沟通：很多人在你这个年龄都说过脏话。刚开始的时候，你可能发现语言能够影响他人，而且用语言影响别人也很有趣。那么你说脏话、辱骂他人，是在发泄情绪，还是觉得这样很好玩，能让你开心？你是跟别人学的吗？

2.角色互换：如果我像你一样说脏话、骂人。你是什么感觉？

3.适当引导：如果你觉得被这样对待不舒服，那你这样对待别人，别人也会不愉快，对吗？骂人和说脏话是一种很不礼貌的行为，要坚决改正。如果你再说脏话，爸爸就要惩罚你。

4.替代表达：我们是不是可以用别的方式来表达情绪呢？比如不开心的时候，我们可以跺跺脚。你可以尝试一下，看看这个方法是不是更好。

5.及时鼓励：当孩子说脏话的次数减少或不再说脏话，

要及时给予鼓励。当孩子的心理需求得到满足，其行为会更容易发生改变。

心理分析

随着孩子自我意识的发展，他们开始意识到语言的力量，比如一些脏话词汇更有冲击力，更能宣泄情绪。因此当感到挫败、失望或愤怒时，他们就用脏话来表达情绪或影响他人。此时，家长要意识到，说脏话除了涉及品行问题，更是孩子情绪发展不成熟的表现——他们不懂得如何合理宣泄情绪。

在这种情况下，父母要从三个方面着手教育孩子。首先，制止孩子说脏话的行为，引导孩子意识到为什么说脏话不好以及说脏话可能带来的负面后果；其次，明确告诉孩子哪些言语是不允许的，可以制定相应的惩罚措施，如禁止使用电子设备、限制玩耍时间等；最后，教给孩子正确表达和宣泄情绪的方法。

此外，孩子说脏话可能是模仿身边的同龄人或成年人，也可能是模仿电视或网络视频中的人物，觉得这样很酷很好玩。因此，父母要以身作则，不说脏话，同时引导孩子树立正确的价值观，自觉抵制不良节目和视频的影响。

05

自行解决：二孩家庭如何
引导孩子解决争端

很多二孩家庭都会面临这样的问题：两个孩子发生冲突，然后双双向父母告状。这让父母感到非常头疼，似乎支持任何一方都不明智。如何公平处理并消除两个孩子之间的矛盾，成为很多二孩家庭的一大难题。

❌ 错误对话　　　　　　　　　✅ 正确沟通

你们自己的事情自己解决吧。

你跟哥哥发生了矛盾，你现在心里是什么感受？究竟发生了什么事情，你能说清楚吗？

·老大要让着老二，弟弟（或妹妹）还小。

·你们自己的事情自己解决吧。

·妈妈给你做主，我这就批评他。

正确沟通

1.表明立场：孩子们，所谓清官难断家务事，爸爸妈妈很难搞清楚你们之间究竟谁对谁错。我们支持任何一方，另一方都会觉得不公平，不管我们的出发点有多公平，因为你们对同一句话的感受是不同的。所以我们不替你们"断官司"。

2.了解事实：（分别沟通）你跟哥哥发生了矛盾，你现在心里是什么感受？究竟发生了什么事情，你能说清楚吗？你觉得自己做得对的地方在哪里？哥哥对的地方在哪里？你们错的地方呢？如果下次再发生这样的事情，怎样才能避免冲突呢？

3."我"陈述句：现在你们每个人只能以"我"为开头来说话，不要提别人，要说"我"做了什么，"我"什么感受，"我"又做了什么。这样做是为了避免"因为别人怎么样，所以我才怎么样"的叙述方式。以这种方式讲述，最后就会很清楚每个人干了什么。

4. 双方沟通：现在你们两个商量一下怎么解决问题，妈妈可以提供一些建议，但不会替你们做决定。

5. 给予肯定：如果两个孩子能够心平气和地沟通，要及时给予肯定。

心理分析

面对这类问题，父母首先要学会的是在确保孩子安全的前提下放手，让孩子学会自己解决问题。只有给予孩子足够的空间，他们才能逐步找到相处的平衡点，发展出独立自主的品格和解决问题的能力。

过分强调老大要迁就老二是不可取的。这样做只会让老大觉得父母偏心弟妹，不关心自己，久而久之对弟妹心生厌恶。因此，在处理孩子之间的矛盾时，父母应态度公正，就事论事，不偏袒任何一方。

06

参与管理：如何让孩子参与
家庭卫生管理，培养责任感

孩子总是将房间弄得乱糟糟的，也不收拾，让人看了很不舒服。尤其是家长在忙碌了一天后，回到家中看到屋子凌乱不堪，难免会感到心情烦躁。在这种情况下，家长如何与孩子沟通？

<table>
<tr><td>❌ 错误对话</td><td>✅ 正确沟通</td></tr>
</table>

错误对话

· 一屋不扫何以扫天下，现在房间都整理不好，以后怎么干大事？

· 跟你说过多少遍了，自己的房间自己收拾干净，还要妈妈说多少遍。

· 现在！立刻！马上！把房间收拾干净！

正确沟通

1. 表达感受：你的房间乱成这样，说实话，妈妈看了心情很糟糕，很想发火。妈妈感觉家里的环境卫生只有妈妈一个人在维护，有时候真的很难过，因为这是我们共同的家，每个人都应该参与维护。如果只有我一个人努力，其他人都在破坏，那妈妈真的太累了。

2. 解决方案：我们来讨论一下家务劳动的安排，我建议按区域分工，每周设置固定的大扫除时间，每个人都要承担起维护家庭整洁的责任。

3. 任命仪式：现在每个区域安排一个管理员，负责指定区域的整理和清扫，可以轮流担任区域管理员。

4. 制定奖励：如果我们能保持卫生良好，就定期举办家庭日活动，一起看电影、吃大餐，同时选出最佳管理员来分享经验。

心理分析

引导孩子参与家庭卫生管理，包括整理个人房间，是至关重要的。这不仅有助于培养孩子的动手能力和责任感，还能够促进家庭的凝聚力。考虑到做家务需要有耐心和长期坚持，我们可以尝试让任务变得有趣，激发孩子的参与意愿，进而养成自觉维护家庭卫生的好习惯。

07

合理选择：如何帮助孩子 养成健康的看电视习惯

　　许多孩子喜欢看电视，部分原因是缺乏玩伴或没有更有意义的事情可做。此外，父母在忙碌时，有时也会借助电视来让孩子保持安静，从而获得片刻安宁。然而，当孩子沉迷于电视节目，家长又感到很担忧，担心这会影响他们的学习。在这种情况下，家长应如何与孩子沟通呢？

❌ 错误对话　　　　　　　　✅ 正确沟通

· 天天看电视，长大能有什么出息！

· 你要是把看电视的劲头用在学习上，现在肯定是全班第一了。

· 真不知道电视有什么好看的，看那些有什么意义，浪费时间！

正确沟通

1. 表达担心：最近你看电视的时间有点长，好像已经影响到了学习。老师反映你最近的作业有些草率，不知道是不是为了看电视而匆忙完成的。如果以后还是这样，学习可能会受到更大的影响。

2. 管理能量：人体内有两种能量，一种是正能量，一种是负能量。我们一生都在与这两种能量做斗争。有时负能量会占上风，导致我们做出一些对身体和成长有害的事情，如过度看电视、沉迷游戏或吃垃圾食品等。有时正能量会占上风，激励我们更加努力地学习、阅读，参加体育运动，并保持规律的作息。然而，培养这种自律的品质、对抗负能量需要长时间的练习，即使像妈妈这样的成年人也仍在努力。小孩子还没有能力自觉成为一个自律的人，所以需要父母的帮助。

3. 共同讨论：我们来讨论一下接下来要怎么做。关于看电视的时间和看的内容，我们需要达成共识。关于时间，我建议每周只能在周末看电视，而且每天不能超过两个小时；关于看的内容，我建议多看一些有意义的节目，比如纪录片、少儿综艺、励志电影等等。当然你也可以看喜欢的动画片，但是要尽量少看暴力和言情的电影电视剧。你觉得怎么样？我们可以制订一个计划。

4. 自律养成：妈妈会帮助你严格执行计划，养成好的习惯。

心理分析

看电视本质上是一种娱乐消遣，需要适度。大多数孩子都缺乏自控力，很容易沉迷其中，影响学习，甚至受到不良电视节目的影响。

然而，如果我们只是单纯地说教或者强行关闭电视机，那不仅解决不了问题，反而会激发孩子的逆反心理，导致亲子关系紧张。相反，我们需要了解孩子沉迷于电视的原因，针对原因来寻找对策，比如帮助孩子"组局"约朋友玩，或者引导孩子培养一些兴趣爱好。此外，家长也应以身作则，少看电视，多参与一些有意义的活动，这有助于将孩子的注意力引导到更有意义的事情上。

08

陪伴守护：当孩子突然不敢去卫生间，如何沟通

孩子在成长过程中，有时会突然害怕一些原本不害怕且没有危险的事物，比如突然不敢去卫生间。父母都希望孩子能够勇敢一些，因此很容易对孩子的哭闹感到心烦。在这种情况下，父母应如何与孩子沟通？

❌ **错误对话**　　　　✅ **正确沟通**

错误对话

·你怕什么，灯都开着。

·不要这么胆小，我就在家里。

·这么大了还不敢去上卫生间，太好笑了。

正确沟通

1.了解原因：你能告诉妈妈为什么突然不敢上卫生间了吗？哦，原来是你在电视上看到了怪物从卫生间的窗户进来的画面，被吓到了，所以一进卫生间就会想起那个场景是吗？妈妈明白了，这真的很吓人。

2.安抚孩子：电视上的那些画面都是虚构的，并不是真的。怪物只存在于电视里，现实中是没有的。妈妈会一直陪在你身边，保护你的安全。我们一起勇敢面对好吗？

3.商讨方案：妈妈有个建议，我们把卫生间的窗户关上，这样怪物就进不来了；或者妈妈站在卫生间门外，你有需要就叫妈妈；或者我们不关卫生间的门。你觉得哪种方式会让你感觉更安全一些呢？

4. 给予鼓励：宝贝，你真的很勇敢！你能够克服恐惧，自己走进卫生间，妈妈给你点赞！

心理分析

　　小孩子往往会有一些成年人不理解的表现，这些表现背后大多有其原因。可能在成年人看来微不足道的事情，在孩子看来非常重要或者很可怕。因此，当孩子就一些看似不值一提的问题向父母求助，父母不要一味地指责或抱怨，而是要站在孩子的角度，了解问题的根源，并帮助他们渡过难关。

09

坚定支持：当孩子受到欺负，如何有效安慰与引导

　　放学路上，孩子和同学因为一些矛盾而起了争执，同学一气之下抓花了孩子的脸，而且态度强硬，不肯道歉。面对孩子的委屈和愤怒，作为家长，你如何跟孩子沟通？

❌ **错误对话**　　　　　　　✅ **正确沟通**

- 以后不要跟他玩了，一定要远离这种人。
- 下次如果他再打你，我们就报警。
- 别人欺负你，你一定不要手软，要还回去。

正确沟通

1. 安抚孩子：我知道你现在很难过，但是打人是不对的，这次是那个同学做错了。你一定吓坏了吧？具体发生了什么事情，可以告诉妈妈吗？你现在是什么感觉？

2. 疏导教育：我们来分析一下这次冲突。你觉得在整个过程中，你有没有什么地方做得不对呢？那个同学有哪些行为让你觉得不舒服？记住，每个人都有可能犯错，重要的是我们如何从中学习。妈妈会教你如何处理矛盾，更好地与同学相处。下次遇到类似的情况，你可以试着用我们讨论过的方法来解决。

3. 寻求帮助：你说那个同学态度很强硬，拒绝道歉。这让你很受伤，我理解。这时候，我们需要借助外部的力量来解决问题。我会联系你们学校的老师或者相关部门，让他们介入调解。相信那个同学会认识到自己的错误并承担责任。你不用担心，妈妈会帮你处理好的。

4. 长远引导：这次的事情虽然解决了，但妈妈还想和你谈谈更长远的事情。生活中总会遇到各种挑战和困难，我希望你能学会自我管理，学会解决问题，学会与人交往。这些能力会让你在未来的道路上走得更远更稳。爸爸妈妈会一直陪伴你成长，支持你的每一个努力。

心理分析

在成长过程中，孩子可能会遇到一些较大的冲突，导致他们感到恐惧和不安。但凡事都有两面性，可以趁机引导孩子学会面对冲突，提高日后应对冲突的能力和韧性。

在处理过程中，家长尤其要关注孩子的情绪。孩子可能会因被欺负而感到委屈、羞耻，父母的理解和支持对于保护他们的自尊心尤为重要。此外，了解孩子对这件事的看法也很重要。孩子有没有对打人的同学充满仇恨，并试图报复？或者觉得被同学公然欺负这件事很丢人，因此自尊受损？只有了解孩子对这件事的看法，家长才能有针对性地进行引导，纠正孩子的错误认知。当然，情绪的消化和认知的改变都需要时间，我们要给予孩子成长的时间和空间。

后 记

　　父母与孩子的沟通，看起来传递的是语言，实质上却是双方的态度。当我们站在孩子的对立面时，往往会使用命令、指责、抱怨或威胁的语气进行沟通。这种沟通不仅不起作用，反而会导致亲子关系恶化。即使孩子在你的威压下屈服并做出了某种行为，但由于不是出于真心，这种行为也不会长久。

　　如果我们愿意放下父母的身份，将孩子视为独立的个体，尊重他们的感受，倾听他们的建议，并耐心给予帮助，我相信每个孩子都愿意与父母进行良好的沟通。

与孩子沟通的原则

弄清事实

无论发生什么事，无论老师和同学如何评说，作为父母，我们都必须去探查真相、了解孩子的真实感受，切忌先入为主，或用自己的标准来评价孩子的行为。

理解孩子的感受

当我们处在积极的情感连接中，会更有动力改变自己，做出良好的行为。人与人之间的情感基于相互理解，因此理解至关重要。这同样适用于孩子，当我们愿意超越自身对事物的固有认知，允许孩子表达感受，并真正理解孩子的感受，与他们产生情感共鸣，相信亲子关系将变得无比融洽，在此基础上的亲子沟通也将变得轻而易举。

接纳孩子的负面情绪和行为

孩子在成长过程中，难免会出现不开心、难过、懊恼、生气等负面情绪，也会有发脾气的时候。这些负面情绪需要被看见和允许，因为这是他们成长发展的一部分。

成长是一个螺旋上升的过程。比如孩子可能要先经历想说脏话的阶段，才能意识到这样做不妥，从而变得举止文雅；同样，孩子可能要先尝到不自律的苦，才有动力变得自律；再比如我们希望孩子能够主动整理房间，但孩子也许要等体验过脏乱才能意识到整理的重要性。

除了接纳孩子的负面情绪，我们也应接纳孩子所谓的负面行为，不将孩子成长中偏离正轨的行为上升到品行问题，给孩子贴上标签。比如小孩子可能会偷拿父母的钱，但这种"偷"与成年人意义上的偷盗是完全不同的。

跟孩子一起寻求解决办法

尽管父母不是万能的，也应告诉孩子，无论发生什么事，父母都会和他在一起，共同面对问题。如果每当孩子遇到困难，父母都能鼎力相助，那么亲子之间不仅不会对立，反而会增加一层亲密关系，一种坚不可摧的战友关系。当孩子每每从你这里获得能量，他也会更愿意听从你的建议。

多肯定孩子

这不是让你一味空泛地表扬孩子，而是要具体地指出孩子的闪光点和进步，让孩子感受到自己的努力被看见。在成长道路上，父母的看见和肯定是孩子最高能的加油包。